Graded Spanish Reader

Graded Spanish Reader SECOND EDITION

Segunda Etapa

Justo Ulloa

VIRGINIA POLYTECHNIC INSTITUTE
AND STATE UNIVERSITY

Leonor Alvarez de Ulloa

RADFORD UNIVERSITY

D. C. HEATH AND COMPANY
Lexington, Massachusetts   Toronto

"Historia de un hombre que actúa sin pensar" from *Libro de Calila y Dimna* (thirteenth century).

"La horma de su zapato," adapted from original of Vicente Riva Palacio (1832–1896). Published by D. C. Heath in *Graded Spanish Readers,* Alternate Books I–V (1961).

"No hay mal que por bien no venga," adapted from original of Ricardo Palma (1833–1919).

"Anaconda" by Horacio Quiroga (1878–1937). Published by D. C. Heath and edited by Willis Knapp Jones in 1948 (*Graded Spanish Reader*). Published by D. C. Heath in *Graded Spanish Readers,* Alternate Books I–V (1961). First published in Argentina in 1921 by Agencia General de Librerías Buenos Aires.

"Las montañas, los barcos y los ríos del cielo," adapted from original of Germán Pinilla (1935). Originally published in Cuba in *Cuentos cubanos de lo fantástico y extraordinario.* Excerpt taken from edition published in 1968 by Casa de las Américas, Cuba.

"La joya del inca," adapted from *Cuentos del Alto Perú,* edited by Willis Knapp Jones. Published by D. C. Heath in *Graded Spanish Readers*, Alternate Books I–V (1961).

"Historia del hombre que se casó con una mujer brava," adapted from *El conde Lucanor* by Don Juan Manuel (1282–1348).

"Sangre en el umbral" by Gustavo Martínez Zuviría (pseudonym Hugo Wast). Originally published in 1926 by Talleres Gráficos Argentinos. Published by D. C. Heath in *Graded Spanish Readers*, Intermediate Alternate Book VIII (1957, 1962).

"La vuelta del presidiario" by Gustavo Martínez Zuviría (pseudonym Hugo Wast). Originally published in 1926 by Talleres Gráficos Argentinos. Published by D. C. Heath in *Graded Spanish Readers*, Intermediate Alternate Book VIII (1957, 1962).

Published simultaneously in Canada.

Printed in the United States of America.

International Standard Book Number: 0-669-04381-8

Library of Congress Catalog Card Number: 81-81605

Preface

Graded Spanish Reader, Segunda Etapa, offers present-day students a solid, yet enjoyable method for learning the Spanish language. Simplified short stories from different periods of Spanish and Hispanic American literature provide successful reading experiences, while the varied learning activities promote communicative skills and reinforce basic structures and vocabulary.

Organization

The text is divided into four parts. *Part One* contains three brief narratives arranged in order of difficulty. The first two selections are written almost entirely in the present tense. The third selection illustrates the basic difference between the preterit and the imperfect tense. Although these selections have been edited and simplified to minimize linguistic problems, they still retain their flavor and authenticity.

Part Two consists of a single selection, *Anaconda,* which very closely follows the original text within the framework imposed by structural and vocabulary limitations. This story reinforces the basic structures of *Part One.* Because of its length, the reading of *Anaconda* will take several class periods.

Part Three consists of three selections arranged in order of difficulty. Most of the core vocabulary of the first two parts is reintroduced in these stories; this helps students build confidence and acquire vocabulary step by step. Complex grammatical structures have been avoided.

v

Part Four consists of two selections that not only review the grammatical structures presented in previous selections, but also introduce the present and the imperfect subjunctive tenses. At this point, the student should experience little difficulty in reading comprehension.

Exercises

The exercise section following each reading selection is an important feature of *Graded Spanish Reader, Segunda Etapa.* Each exercise section begins with reading comprehension exercises. They are followed by vocabulary-building exercises which require the student to manipulate all the important words and expressions that have been introduced.

Graded Spanish Reader is unique because in addition to the grammatical exercises, brief explanations have been provided to review the basic structures presented in the story. Another important feature is the *Review* exercise which requires the student to use the vocabulary and grammar previously learned.

In the *Topics for Discussion* exercise, the student will have the opportunity to develop oral skills by discussing in class the topics suggested at the end of each section.

Acknowledgments

The editors are grateful to their colleagues Christopher Eustis and Bernadine Banning for their helpful suggestions in the preparation of this text. Special thanks are due Hilda B. Saunders of the University of Kentucky for her valuable suggestions and careful review of the manuscript.

Contents

Part 1

Part 1 contains three short narratives: "Historia de un hombre que actúa sin pensar," "La horma de su zapato," and "No hay mal que por bien no venga."

"Historia de un hombre que actúa sin pensar" is an adaptation of a thirteenth-century tale taken from *Libro de Calila y Dimna*, the first book of oriental tales to appear in Spanish translated from Arabic. This tale, known throughout the Hispanic world, is about a man who acts hastily and later regrets his actions.

"La horma de su zapato," narrated with gentle irony and a delicate sense of humor, is adapted from the original by Vicente Riva Palacio (1832–1896), a Mexican novelist, critic, and statesman who is considered to be the creator of the Mexican historical novel. "La horma de su zapato" tells the amusing story of a devil who is fooled by one of his colleagues in hell.

"No hay mal que por bien no venga" is a *tradición* or historical anecdote adapted from the original tale by Ricardo Palma (1833–1919), the author of the well-known *Tradiciones peruanas*. It is a tale about a father who finds himself with too many children and no means to support them, and how this dilemma is unexpectedly resolved.

Although we have simplified the language and grammar of these stories to minimize linguistic problems, they still retain their original flavor. New words and expressions appear as footnotes at the bottom of each page where they first occur. All new words and expressions appear at least twice.

STUDY AIDS

The following suggestions will help you in your reading of the selections:

1. Glance over the vocabulary exercises before reading the story. The main purpose of the vocabulary section is to drill and rein-

force new words and idiomatic expressions that may present difficulties.

2. Be sure to review the following grammar points found at the end of each selection: the present tense; stem-changing verbs; possessive adjectives; interrogative words; and the contractions **al** and **del** before reading "Historia de un hombre que actúa sin pensar."

    Review the irregular past participles; the use of **saber / conocer, ser / estar, por / para,** and **gustar** before reading "La horma de su zapato."

    Review direct and indirect object pronouns; the preterit tense; the imperfect tense; the use of **ir a + infinitive;** and the past participle before reading "No hay mal que por bien no venga."

    Exercises reinforcing these grammar points appear at the end of each selection.

3. Try to guess the general meaning of each sentence before you verify your understanding by means of the footnotes and vocabulary.   Read the story a second time with the aid of the footnotes when necessary.   Try to recall the main ideas in each tale.

HISTORIA DE UN HOMBRE QUE ACTÚA SIN PENSAR

DEL LIBRO DE CALILA Y DIMNA

Un día le dice el Rey a su Consejero:[1]

—Quiero oír[2] el ejemplo del hombre que hace las cosas sin pensar.

El Consejero entonces le contesta:

5 —Señor, el hombre que no piensa, después se arrepiente,[3] porque le pasa lo mismo que al marido bravo[4] y al perro fiel.[5]

El Rey, muy interesado, le pide a su Consejero la historia del hombre y el perro.

El Consejero comienza a contar:[6]

10 —Esta historia es sobre[7] un matrimonio que tiene un hijo muy bello. Un día la madre tiene que ir al mercado a comprar cosas para su casa. Antes de[8] salir le dice al marido:[9] "Cuida[10] la casa y a tu hijo mientras[11] voy de compras. Regreso dentro de un rato."[12]

—El marido cuida al hijo, pero más tarde tiene que salir tam-
15 bién. El hijo se queda[13] con el perro de la casa. Pero el perro y el niño no están solos. En la casa hay una cueva[14] oscura donde vive una serpiente muy grande y negra. Ahora que sabe que el niño está solo, la víbora[15] sale de la cueva y se acerca[16] al cuarto. Cuando el perro ve la víbora, salta[17] sobre ella. Después de una
20 lucha[18] a muerte con la serpiente, el perro queda todo lleno de sangre.[19]

—Al poco rato[20] regresa el padre a la casa. Al abrir la puerta, el perro lo recibe muy contento y trata de demostrar su lealtad y su valor. El hombre mira al perro y lo ve todo ensangrentado. En
25 seguida[21] piensa en su hijo. Cree que está muerto y que el perro

---

[1]**Consejero** advisor [2]**oír** to hear [3]**se arrepiente** repents [4]**bravo (-a)** ill-tempered, quick-tempered [5]**fiel** faithful [6]**contar** to tell, to narrate [7]**sobre** about [8]**antes de** before [9]**marido** husband [10]**cuidar** to take care of [11]**mientras** while [12]**dentro de un rato** in a little while [13]**se queda** remains, stays [14]**cueva** hole [15]**víbora** viper, poisonous snake [16]**se acerca** approaches [17]**saltar** to jump [18]**lucha** fight [19]**queda todo lleno de sangre, ensangrentado** ends up stained with blood [20]**al poco rato** in a little while [21]**en seguida** at once

es el responsable. Lleno de ira,²² golpea²³ y mata al perro. Después entra al cuarto y ve que el niño está vivo²⁴ y sano, y que a su lado hay una víbora muerta. Inmediatamente comprende todo y comienza a llorar.²⁵ En ese momento entra su mujer y le pregunta: "¿Por qué lloras? ¿Qué hace esta víbora aquí? ¿Por qué está muerto nuestro perro?" El marido, muy triste, le cuenta todo a su mujer, y después ella le dice: "Éste es el fruto de las acciones que hacemos sin pensar. El que no piensa se arrepiente de sus acciones apresuradas²⁶ cuando ya es muy tarde."

EXERCISES

A. *Reading Comprehension*

Select the word or phrase that best completes each statement according to the story.

1. En la historia, el Consejero
   a. hace las cosas sin pensar.
   b. cuenta la historia del hombre y el perro.
   c. quiere oír un ejemplo.
   d. le pide al Rey un consejo.
2. ¿Por qué se queda el niño solo con el perro? Porque
   a. el padre tiene que salir.
   b. la madre va de compras.
   c. en la casa hay una cueva.
   d. el matrimonio regresa más tarde.
3. El hombre está muy . . . al ver al perro ensangrentado.
   a. bravo. b. triste. c. contento. d. vivo.
4. ¿Por qué mata el padre al perro? Porque cree
   a. que está contento.
   b. que es el responsable de la muerte de su hijo.
   c. que está ensangrentado.
   d. que es muy bravo.

---

²²**lleno de ira** enraged, furious ²³**golpear** to beat ²⁴**vivo (-a)** alive ²⁵**llorar** to cry ²⁶**apresurado (-a)** hasty

5. La esposa le dice al marido, que el hombre que no . . . , después se
   arrepiente de sus acciones.
   a. vive.   b. actúa.   c. llora.   d. piensa.

B. *Vocabulary*

Select the words needed to complete the following paragraph correctly.

serpiente, hay, es, mata, hijo, niños, fiel, perro, son, niño, padres,
niña

La historia del Consejero _____ sobre un matrimonio que tiene un _____ muy
bello.   Ellos también tienen un _____ muy fiel.   En la casa hay una _____
peligrosa que quiere matar al _____.   Pero el perro, que es muy _____, salta
sobre ella y la _____.

Write sentences of your own using the following expressions.

1. sin pensar
2. tener que
3. antes de
4. mientras
5. dentro de un rato

6. hay
7. se acerca
8. enseguida
9. tarde
10. lucha a muerte

C. *Use of the Present Tense*

*Complete the following sentences with the correct form of the present
tense.*

1. El perro y el niño no (estar) _____ solos.   2. En la casa (haber) _____ una
serpiente venenosa.   3. La cueva (estar) _____ cerca del cuarto.   4. El
marido (salir) _____ de la casa.   5. Al rato (regresar) _____ el padre.   6. El
perro (matar) _____ la culebra.   7. El papá (ver) _____ que su hijo (estar)
_____ vivo.   8. La esposa (hacer) _____ las compras.   9. Los animales (estar)
_____ muertos.   10. Nosotros (contestar) en español.   11. La historia
(ser) _____ sobre un matrimonio feliz.   12. Yo (regresar) _____ dentro de un
rato.   ¿Cuándo (regresar) _____ tú?   13. El hijo se (quedar) _____ solo.
14. Uds. (vivir) _____ cerca.   15. Ellos no (saber) _____ la verdad.   16. Yo
no (ir) _____ de compras con mi marido.   17. Él le (decir) _____ todo a su
esposa.   18. Él (tener) _____ un hijo.

In certain verbs in Spanish the stem is irregular when it is stressed (in all singular forms and only the third person plural form). In the following exercises the **e** of the stem changes to **ie** to **i**, and the **o** to **ue** when stressed.

Complete the following sentences with the correct form of the present tense.

1. El Rey le dice a su Consejero que (querer) ____ oír un ejemplo.
2. El hombre que no (pensar) ____ después se (arrepentir) ____.
3. Nosotros no (pedir) ____ consejos.
4. El Consejero (contar) ____ una historia.
5. Él (pedir) ____ más ejemplos.
6. El niño (dormir) ____ en su cuarto.
7. Nosotros (pensar) ____ mucho.
8. Uds. no (comenzar) ____ a llorar.
9. Tú y yo (contar) ____ el dinero.

D. *Possessive Adjectives*

Possessive adjectives agree in gender and number with the nouns they modify. Note that possessive adjectives are placed before the noun.

   EXAMPLE: **Mi** historia es muy interesante.

Complete the following sentences with the appropriate possessive adjective.

1. El Rey le pide a ____ Consejero un ejemplo (his). 2. Cuida a ____ hijo (your, fam.). 3. La madre tiene que comprar ____ cosas (her). 4. ____ amigos regresan dentro de un rato (our). 5. Los padres piensan en ____ hijos (their). 6. La mujer sabe que ____ perro está muerto (our). 7. ____ padre no actúa sin pensar (my). 8. La serpiente vive en ____ cueva (its). 9. En ese momento entra ____ mujer (his). 10. ____ acciones son apresuradas (his).

E. *Interrogative Words*

Supply the questions that elicit the following answers, using these interrogative words: **dónde, adónde, con quién, qué, quién.**

   EXAMPLE: El hombre mata al perro.
      ¿Quién mata al perro?

1. La serpiente vive en una cueva.
2. La esposa va al mercado.
3. El niño está con el perro.
4. El Rey quiere oír un ejemplo.
5. El hijo está en el cuarto.
6. La madre compra unas cosas.

F. *Contractions* **al** *and* **del**

In Spanish there are only two contractions: **al** (**a + el**) and **del** (**de + el**). Feminine and plural articles do not contract.

Complete the following sentences.

> **EXAMPLE:** Quiero oír el ejemplo ____ hombre que actúa sin pensar.
> **Quiero oír el ejemplo *del* hombre que actúa sin pensar.**

1. La madre tiene que ir ____ mercado.
2. Antes de salir ella le dice adiós ____ marido.
3. El consejero no habla ____ mujeres que actúan sin pensar.
4. El hijo se queda con el perro ____ casa.
5. El marido y su mujer hablan ____ lealtad ____ perro.

G. *Composition*

Write a short paragraph using some or all of the following words.

rey, querer, ejemplo, consejero, contar, historia, hombre, actuar, pensar, matar, perro, serpiente, quedar, lleno, sangre, pero, salvar, niño

LA HORMA[1] DE SU ZAPATO

VICENTE RIVA PALACIO

En el infierno[2] no todos los diablos[3] son iguales.[4] Hay diablos que son los amos[5] de otros diablos. Unos diablos trabajan mucho, y otros diablos no hacen nada. Hay unos diablos que cuidan muchas almas,[6] y otros diablos que no tienen nada que hacer.[7]

5 Barac es uno de estos diablos. Barac no tiene nada que hacer en el infierno porque no tiene almas que cuidar. Como sabe mucho, los otros diablos no lo quieren. No dejan llegar a las manos de Barac ninguna de las muchas almas que van al infierno.

Dicen los otros diablos que Barac tiene en el infierno un gran
10 enemigo,[8] un diablo llamado Jeraní. Jeraní se ríe de[9] Barac porque éste no tiene almas que cuidar. Por tener este gran enemigo, Barac, aunque es diablo, siempre está muy triste. Barac nunca se ríe de Jeraní.

Un día Luzbel, el amo de todos los diablos del infierno, llama a
15 Barac y le dice:

—Si Ud. quiere— porque también en el infierno los diablos se hablan de Ud.—[10] estar aquí en el infierno, tiene que trabajar. Además, no queremos tener en el infierno diablos tristes. Para estar contento, tiene Ud. que trabajar. Y para poder trabajar en el
20 infierno, hay que tener almas que cuidar. Como Ud. no tiene ninguna, y aquí en el infierno ya todas las que hay tienen sus diablos que las cuidan, tiene Ud. que salir al mundo[11] y traer una. Tiene Ud. que estar aquí en el infierno otra vez dentro de[12] doce días, a las doce en punto de la noche. Tiene Ud. que traer del
25 mundo el alma de una mujer. Pero esa mujer debe ser joven[13] y hermosa.[14]

—Está bien —dice Barac— voy a salir para el mundo en seguida.[15]

---

[1]**horma** shoemaker's mold; **la horma de su zapato** his match [2]**infierno** hell [3]**diablo** devil [4]**igual** equal [5]**amo** boss, master [6]**alma** soul [7]**no tener nada que hacer** to have nothing to do [8]**enemigo** enemy [9]**se ríe de** laughs at [10]**se hablan de Ud.** they speak to each other in the polite form [11]**mundo** world [12]**dentro de** within [13]**joven** young [14]**hermosa (-a)** beautiful [15]**en seguida** at once

—Sí, puede Ud. salir en seguida, pero dentro de doce días, a las doce en punto, quiero verlo aquí otra vez.

Aunque Barac por algunos años no ha salido del infierno, ahora está muy contento porque va al mundo.   Además, ya tiene algo
5   que hacer.   Ahora puede ser igual a su enemigo Jeraní, pues va a traer el alma de una mujer, y va a ser el alma de una mujer joven y hermosa, que son las almas que más les gustan a los diablos en el infierno.   Como siempre hay riñas[16] entre los dos diablos, Barac está muy contento porque por doce días no va a ver a su enemigo
10   Jeraní.

Esa misma noche Barac sale del infierno.   Como no ha estado en el mundo por algunos años, espera ver a los hombres tales como los ha visto antes.   Y al ver que ahora el mundo no se parece[17] en nada al mundo de hace algunos años,[18] Barac cree que está en otro
15   lugar y no en la Tierra.   Cree que ha tomado otro camino y que ahora está en otro lugar.

Barac llega a una gran ciudad y anda por sus calles.   En seguida llega a un lugar que él conoce y donde él ha estado hace muchos años.   Este lugar se llama la Puerta del Sol.   Barac, al ver que está
20   en la Puerta del Sol, sabe que está en Madrid, ciudad que él conoce muy bien, pues ha vivido allí anteriormente.   Ahora Barac ya sabe que está en la Tierra y está muy contento.

Barac llega a Madrid como un hombre de unos veinte y cinco años.   Es un señor muy rico y tiene mucho dinero.   Su traje y sus
25   zapatos son muy elegantes.   Barac ahora no se parece a los diablos del infierno.

Barac vive en el Hotel de Roma.   Cuando alguna persona le pregunta algo sobre su vida, él dice que no es español, que no habla español muy bien, pero que va a estar en Madrid por algún
30   tiempo para conocer la ciudad.   Dice que le gusta Madrid porque allí hay muchas mujeres hermosas.

Después de estar en el Hotel de Roma uno o dos días, sale a las calles de la ciudad para ver a las jóvenes de Madrid.   Todas las mujeres hermosas le gustan a Barac, que ahora se llama el Marqués
35   de la Parrilla,[19] y a todas las quiere seguir.   Ve que hay muchas

---

[16]**riña** fight, quarrel [17]**se parece a** resembles [18]**hace algunos años** a few years ago [19]**parrilla** broiler, grill

mujeres hermosas en la ciudad y no sabe qué hacer para llevarse a la más hermosa.

Así pasan uno o dos días más. Una tarde, por la Calle del Caballero de Gracia, al salir del Hotel de Roma, el Marqués ve
5 pasar a la joven más hermosa que ha visto. La joven va con una señora ya vieja.

Es una joven de unos veinte años. "Ésta me gusta mucho", dice el Marqués de la Parrilla, y se pone a seguir[20] a las dos mujeres. Anda algún tiempo detrás de[21] la joven, a quien no conoce. En la
10 Calle de Alcalá, la ve detenerse y hablar con un señor. Este señor es un amigo del Marqués de la Parrilla. El señor, después de hablar con la joven y la señora por algún tiempo, sigue andando por la calle. Después de algunos minutos, el señor se encuentra con el Marqués.

15 —¡Hombre! —dice el Marqués— ¿quién es esa mujer tan hermosa?

—Es Menegilda.

—¿Pero así se llama?

—No; pero es una joven que trabaja en el teatro y las personas
20 que siempre van al teatro la llaman así. Yo creo que se llama Irene.

—Y esa señora que va con ella, ¿es su madre?

—Sí, es su madre.

—Pero, ¡qué hermosa es Irene! —dice el Marqués.

25 —Es muy hermosa; pero también es una mujer que sabe más que un hombre, y puede reírse del mismo diablo.

Al oír esto, el Marqués quiere preguntar al señor si sabe la verdad, si sabe quién es él, pero no dice nada. El señor se va y el Marqués se queda[22] pensando en lo que ha dicho su amigo. Pero
30 en seguida piensa otra vez en Irene y, como ya sabe algo de ella, se pone a andar otra vez detrás de las dos mujeres hasta verlas entrar en el teatro Apolo. El Marqués no entra en el teatro, pero se queda en la puerta por algún tiempo.

Desde ese día el Marqués va todas las noches al teatro Apolo

---

[20]**se pone a seguir** he starts to follow [21]**detrás de** behind [22]**se queda** remains

para ver a la hermosa joven.   Primero le manda[23] flores.   Después
le manda una carta preguntándole si la puede ver.

La joven toma las flores y lee la carta.   También ella le escribe al
Marqués diciéndole que la puede ver, pero delante de su madre.[24]

5   El Marqués lee la carta de Irene y está muy contento, pues en
verdad la ama.

Ya han pasado cinco días.   Todas las jóvenes que trabajan en el
teatro saben que el Marqués ama a Irene.   También los amigos del
Marqués saben que éste ama mucho a Irene, pero no saben si
10   Irene ama al Marqués también.

Irene manda otra carta al Marqués diciéndole que le espera esa
noche en su casa a las diez en punto.   El Marqués lee la carta y
está muy contento. Se pone su mejor traje y sus mejores zapatos y
llama un coche.   El Marqués llega a las diez en punto a casa de
15   Irene.   Allí ve a algunas personas sentadas, y esto no le gusta.   Allí
están dos señoras muy viejas, una joven y tres niños.   Cuando
llega el Marqués todos se levantan[25] para dejarlo pasar.[26]   Un niño
le pregunta a quién quiere ver, y el Marqués le dice que a Irene.
Por todo esto el Marqués puede ver que la casa donde vive Irene
20   no es muy rica, y que Irene no tiene mucho dinero para vivir.

El Marqués entra en la casa y se detiene delante de la puerta
donde vive Irene.   Llama y sale la madre de la joven a la puerta y
el Marqués entra con ella.

En un cuarto no muy grande encuentra a Irene, que está sen-
25   tada esperándolo.   El Marqués le da la mano[27] y se sienta[28] cerca
de ella.   La madre de Irene también se sienta cerca de los dos.   El
Marqués, como ama a Irene, no sabe qué decir, y habla del
tiempo.   Después habla del teatro donde trabaja Irene.

Ella tampoco sabe qué decir porque no lo conoce muy bien.   La
30   madre le cuenta al Marqués que Irene tiene que trabajar mucho en
el teatro para poder vivir.

El Marqués piensa que ha llegado el momento de hablar con
Irene y decirle que la ama, pero en ese momento llaman a la

---

[23]**mandar**   to send   [24]**delante de su madre**   with her mother present   [25]**se
levantan**   they get up   [26]**dejarla pasar**   to let him pass   [27]**dar la mano**   to shake
hands   [28]**se sienta**   he sits down

puerta. Irene se levanta y va a ver quién es. Cuando ella sale del cuarto, él se queda solo con la madre.

Cuando Irene entra otra vez en el cuarto, él cree que ha pasado el momento de hablar con Irene para decirle que la ama, y habla de otras cosas. Después de estar allí hasta las doce de la noche, el Marqués le dice a Irene que desea verla otra vez.

Cuando el Marqués sale de la casa de Irene, la madre le dice a la joven:

—El Marqués es un señor muy bueno y muy rico. Me parece que[29] puede ser un buen esposo para ti, pero lo que no me gusta es que tiene un olor[30] muy raro.[31]

Algo le ha quedado[32] a Barac del infierno.

Desde esa noche, el Marqués ve a Irene todos los días. Ahora ama más a la joven, pues ha visto que Irene no es una mujer como él ha creído, sino muy buena. Pero el tiempo vuela para el Marqués; está muy cerca el momento en que tiene que irse al infierno. Y está muy triste porque tiene que irse de la Tierra, aunque sabe que se lleva el alma de aquella joven. Y también está triste porque sabe que el alma de esa mujer tan hermosa y tan buena va a ir al infierno para siempre.

Irene también está un poco triste. Una noche la joven no quiere ir al teatro y se queda en su casa. El Marqués llega a verla, porque es la última noche que puede ver a Irene, pues tiene que irse al infierno a las doce en punto. La madre de Irene no está con ellos, porque a ella no le gusta el raro olor del Marqués.

El Marqués ve un reloj que hay en el cuarto donde está con Irene. Faltan[33] diez minutos para las doce; diez minutos más para estar en la Tierra. Irene, que ya ama al Marqués también, pues ya lo conoce mejor, le dice:

—Nosotros no podemos ser felices[34] sobre la Tierra. ¿Quieres morir ahora conmigo?

El Marqués ve a Irene y no quiere creer lo que oye. Él sabe que Irene tiene que morir a las doce, y ahora ya sólo faltan cinco minutos. Como queda poco tiempo, el Marqués dice en seguida:

---

[29]**me parece que** it seems to me that [30]**olor** smell [31]**raro** strange, rare [32]**algo le ha quedado** something has stayed with him [33]**faltar** to lack [34]**feliz** (pl. **felices**) happy

—Irene, si me amas hasta morir conmigo y por mí, yo también quiero morir ahora mismo[35] cerca de ti y al mismo tiempo.

—Así te amo —dice Irene.

Después, ella toma dos vasos,[36] pone algo en ellos, y le dice al
5 Marqués:

—Uno para ti; para mí el otro.   Si bebemos[37] esto, podemos morir en unos cuantos minutos.

El Marqués toma la mano de Irene y los dos, al mismo tiempo, beben lo que hay en los vasos.   Y así mueren los dos.

10   En ese momento se oyen las doce de la noche[38] en el reloj de la Puerta del Sol.   El Marqués de la Parrilla es Barac otra vez y lleva consigo el alma de Irene.   Al mismo tiempo, a Barac le parece que lo que lleva en las manos se ríe mucho.   Ve otra vez con más cuidado y ve que lo que lleva consigo no es el alma de Irene, sino
15 su gran enemigo, Jeraní.   Su enemigo se ha reído de él otra vez delante de todos los diablos del infierno: Jeraní es Irene.

Barac piensa que él nunca puede ser feliz en el infierno, pues Jeraní es la horma de su zapato.

EXERCISES

A. *Reading Comprehension*

Select the word or phrase that best completes each statement according to the story.

1. ¿Por qué los otros diablos no quieren a Barac?
   a. Porque trabaja mucho. b. Porque sabe mucho. c. Porque se ríe mucho.

2. Jeraní se ríe de Barac porque éste
   a. no tiene que trabajar.
   b. no tiene nada que hacer.
   c. no tiene almas que cuidar.

3. Luzbel le dice a Barac que
   a. tiene que traer el alma de una mujer.
   b. tiene que traer el alma de una mujer joven.
   c. tiene que traer el alma de una mujer joven y hermosa.

---

[35]**ahora mismo** right now [36]**vaso** glass (for drinking) [37]**beber** to drink [38]**se oyen las doce de la noche** twelve o'clock midnight is heard

4. Barac está . . . porque por doce días no va a ver a su enemigo Jeraní.
   a. triste.   b. contento.   c. casado.
5. ¿Por qué sabe Barac que está en la Tierra?
   a. Porque llega a una gran ciudad.
   b. Porque ve a los hombres tales como los ha visto antes.
   c. Porque sabe que está en la Puerta del Sol.
6. ¿Por qué le gusta Madrid?
   a. Porque está en la Puerta del Sol.
   b. Porque allí hay muchas mujeres hermosas.
   c. Porque no habla español muy bien.
7. El Marqués sólo puede ver a Irene
   a. después de las doce.   b. detrás del teatro.   c. delante de su madre.
8. A la madre de Irene no le gusta el Marqués de la Parrilla porque
   a. tiene un olor muy raro.
   b. tiene un perfume penetrante.
   c. tiene mucho dinero.
9. ¿Por qué mueren Irene y el Marqués?
   a. Porque beben lo que hay en los vasos.
   b. Porque toman lo que llevan en las manos.
   c. Porque beben lo que llevan consigo.
10. ¿Por qué Barac no puede ser feliz en el infierno?
    a. Porque Irene es Jeraní.
    b. Porque Jeraní es la horma de su zapato.
    c. Porque Irene lo ama mucho.

B. *Vocabulary*

Complete the following sentences using the Spanish equivalent of the words in parentheses.

1. El vaso es para ____ (drink).   2. Jeraní es un diablo muy ____ (happy).
3. El Marqués ____ (sends) una carta a Irene.   4. Vive en una casa que está ____ (in front of) la escuela.   5. Quiere ____ (to take away) las flores.
6. Le ha visto en el mundo ____ (a few years ago).   7. Barac ____ (resembles) a un diablo.

Select the word or expression in column B closest in meaning or related logically to each term in column A.

A	B
1. ____ horma	a. diablo

2. ____ contento   b. pelea
3. ____ riña   c. creer
4. ____ infierno   d. zapato
5. ____ pensar   e. tener mucho dinero
6. ____ hora   f. feliz
7. ____ muy rico   g. agua
8. ____ falta   h. reloj
9. ____ vaso   i. queda

Study the following expressions.

1. se pone a seguir   5. se parece a
2. detrás de   6. no tiene nada que hacer
3. dentro de   7. se ríe de
4. me parece que   8. da la mano.

Now select the appropriate expression to complete each of the following sentences.

1. ____ el Marqués puede ser un buen esposo para ti.
2. El Marqués de la Parrilla ve a una mujer muy hermosa que pasa con una mujer vieja. En seguida ____ a las dos mujeres.
3. Barac va a la Tierra porque ____ en el infierno.
4. El hombre camina ____ la hermosa joven.
5. Su enemigo siempre ____ él.
6. Cuando entra en la casa, el Marqués le ____ a Irene.

C. Past Participle

The following Spanish verbs have irregular part participles: **abrir–abierto; decir–dicho; cubrir–cubierto; describir–descrito; escribir–escrito; hacer–hecho; morir–muerto; poner–puesto; resolver–resuelto; romper–roto; ver–visto; volver–vuelto.**

Supply the correct form of the past participle of the verb in parentheses.

1. Un señor me ha (told) ____ este cuento.   2. Barac ha (read) ____ mucho.
3. También ha (heard) ____ muchos cuentos.   4. Nunca ha (gone out) ____ del infierno.   5. El Marqués ha (been) ____ en Madrid antes.   6. Ha (seen) ____ muchas cosas.   7. Ha (lived) ____ en el infierno toda su vida.   8. Siempre piensa en lo que ha (said) ____ su amigo.   9. La madre de Irene cree que el Marqués no ha (arrived) ____ todavía.   10. Desde que está allí, nada ha (happened) ____.

D. Saber / conocer *and* ser / estar

Review the uses of **saber / conocer** *and* **ser / estar**. *Then select the verb needed to complete each sentence using the appropriate present-tense form. Explain your choice.*

EXAMPLE: El (conocer / saber) ____ la ciudad de Madrid.
El conoce la ciudad de Madrid.

1. Como Barac (saber / conocer) ____ mucho, los otros diablos no lo quieren.
2. El pobre Barac nunca (estar / ser) ____ muy contento.
3. El alma que Barac debe traer al infierno debe (ser / estar) ____ la de una joven hermosa.
4. Cuando llega a Madrid, Barac cree que (ser / estar) ____ en otro lugar que no es la Tierra.
5. Él (conocer / saber) ____ ese lugar.
6. El diablo (conocer / saber) ____ que ahora está en la Tierra.
7. Su traje (ser / estar) ____ muy elegante.
8. El Marqués de la Parrilla no (conocer / saber) ____ a Irene todavía.
9. Barac (ser / estar) ____ muy feliz porque ahora (conocer / saber) ____ algo de Irene.

E. *The Verb* Gustar

The verb **gustar** means *to like, to be pleasing to.* Remember that in constructions with **gustar** the English subject becomes an indirect object, and the English object becomes the subject.

EXAMPLE: *We like chocolate.*
Nos gusta el chocolate.

Complete the following sentences with the appropriate indirect object pronoun to refer to the person in parentheses.

EXAMPLE: (Irene)   **Le** gusta el teatro.

1. (Luzbel)   ¿____ gustan los diablos que no trabajan?
2. (tú)   ¿____ gusta el infierno?
3. (nosotros)   No, no ____ gustan Irene y su madre.
4. (Barac y Jeraní) Sí, ____ gusta la Tierra.
5. (yo)   Sí, ____ gustan las mujeres hermosas.

Write complete sentences using the cues given. Add any other necessary words. When the name of a person liking something is included in the sentence, it must be preceded by **a.**

> EXAMPLE: Irene / gustar / teatro
> **A Irene le gusta el teatro.**

1. la madre / gustar / olor / Barac
2. Barac / gustar / mujeres / hermoso
3. los diablos / gustar / almas

F. *Uses of* **por** *and* **para**

In order to complete the following exercises, review the uses of **por** and **para. Para** is generally associated with destination, limitation, or purpose, and its use is fairly easy to learn. **Por,** on the other hand, poses the most problems. It is used to indicate (1) motive; (2) "in exchange for"; (3) length of time; (4) "in favor of, on behalf of, instead of"; (5) "through, along, by, around"; (6) measure; (7) object of an errand.

Complete the following sentences with **por** *or* **para.** *Explain your choice.*

1. _____ tener este gran enemigo, Barac siempre está muy triste.
2. Voy a salir _____ el mundo en seguida.
3. Barac no ha estado en el mundo _____ algunos años.
4. Él anda _____ las calles de una ciudad que conoce.
5. El diablo Barac va a la Tierra _____ el alma de una joven hermosa.
6. Barac va a estar en Madrid _____ algún tiempo _____ conocer la ciudad.
7. El Marqués entra _____ la puerta del teatro.
8. Manda flores _____ Irene.
9. Barac tiene solamente diez minutos más _____ estar en la Tierra.
10. Jeraní se hace pasar _____ Irene.

G. *Topics for Discussion*

Discuss the following topics in Spanish.

1. Las relaciones entre Barac y Jeraní.
2. Las relaciones entre Irene y su madre.

NO HAY MAL QUE POR BIEN NO VENGA[1]

RICARDO PALMA

Un zapatero muy pobre, que vivía en la calle de los Gallos, estaba casado con una mujer muy fecunda,[2] que cada año le daba si no mellizos,[3] por lo menos un hijo.

Por ese entonces comenzaron a dejar muchachos a las puertas de
5 la casa de huérfanos[4] de Lima, y todos los días de ocho a nueve de la noche abandonaban por lo menos un bebé. La directora de la casa se alarmó mucho con esta invasión de niños abandonados, y especialmente cuando le informaron que un mismo individuo,[5] cubierto con una capa[6] negra, era el que se los dejaba a las puertas
10 de su casa. La buena señora se propuso[7] descubrir la identidad del individuo, y así ordenó vigilar de cerca[8] la llegada del encapuchado[9] misterioso.

Esa misma noche el zapatero decidió llevar a su recién nacido[10] a la casa de huérfanos, pues no tenía recursos[11] para mantener a un
15 hijo más. Al mismo tiempo que los criados[12] que vigilaban la entrada de la casa le caían encima,[13] una mujer enlutada[14] dejaba otro niño a las puertas de la casa de beneficencia.[15]

Cuando los criados llevaron al zapatero a la oficina de la directora, ésta le dijo:
20 —Ud. no debe traer todas las noches tantos muchachos. ¿Qué se cree Ud.? Puede llevarse inmediatamente los que ha traído esta noche. Si no lo hace, llamo a la policía. ¡Sí, señor! ¡Se los puede llevar ahora mismo! ¡Ud. es un descarado![16]

---

[1]**no hay mal que por bien no venga** every cloud has a silver lining [2]**fecundo (-a)** fertile, fecund [3]**mellizos** twins [4]**huérfano** orphan child [5]**individuo** person, fellow [6]**capa** cape, cloak [7]**se propuso** decided to [8]**vigilar de cerca** to keep a close watch upon [9]**encapuchado** person wearing a hood fastened to a cloak [10]**recién nacido** newborn [11]**recursos** means, money [12]**criado** servant [13]**caer encima** to fall upon [14]**enlutado (-a)** in mourning, wearing black clothes [15]**casa de beneficencia** orphanage, a home for orphans [16]**descarado (-a)** impudent, shameless

18

Al oír que iban a llamar a la policía, el zapatero asustado contestó temblando:[17]

—Pero, señora directora, sólo uno es mío. Ud. se puede quedar con el otro. Aquí se lo dejo.

5 —¡Fuera de aquí,[18] insolente! —le contestó la directora.

El zapatero no tuvo más remedio[19] que regresar a su casa con los niños bajo la capa. Se los dio a su esposa y luego le contó el resultado de su visita a la casa de beneficencia. La mujer, que se había quedado llorando porque la miseria[20] la obligaba a abandonar

10 a su querido hijo, le dijo a su marido:

—En vez de[21] diez hijos vamos a tener una docena que mantener. Dios lo ha querido así. Él nos los ha enviado y con su ayuda vamos a sacar fuerza de flaqueza[22] para buscar dos panes[23] más.

15 Y después de besar a su hijo con mucho amor, empezó a acariciar[24] y a desnudar[25] al intruso.[26]

—¡Jesús! ¡Este angelito pesa[27] mucho! —dijo la pobre mujer.

Y era verdad que el chico pesaba mucho, pues tenía puesto un cinturón[28] que contenía cincuenta monedas de oro.[29] También

20 traía una nota con las palabras siguientes: "Está bautizado[30] y se llama Carlitos. Ese dinero es para ayudar con los gastos de su crianza.[31] Con la ayuda de Dios sus padres esperan reclamarlo[32] algún día."

Cuando menos lo esperaba[33] el zapatero abandonó la pobreza,

25 pues con las monedas de oro que traía el bebé pudo mejorar su tienda[34] y prosperar en su negocio.[35]

Su mujer crió al niño con mucho cuidado, y al cumplir éste seis años conoció a sus verdaderos padres, quienes, por motivos[36] que ahora no interesan, no habían podido criarlo.

---

[17]**temblar** to tremble, be afraid [18]**¡fuera de aquí!** be off, go away! [19]**no tener más remedio** to have no other choice [20]**miseria** poverty [21]**en vez de** instead of [22]**sacar fuerzas de flaqueza** to bring strength out of weakness [23]**pan** bread [24]**acariciar** to fondle, caress [25]**desnudar** to undress [26]**intruso** intruder [27]**pesar** to weigh [28]**cinturón** belt [29]**monedas de oro** gold coins [30]**bautizar** to baptize [31]**crianza** upbringing; **dar crianza** *or* **criar** to bring up [32]**reclamar** to reclaim [33]**cuando menos lo esperaba** when he least expected it [34]**tienda** shop [35]**negocio** business [36]**motivo** reason, cause

EXERCISES

A. *Reading Comprehension*

Select the word or phrase that best completes each statement according to the story.

1. La mujer tenía muchos hijos.   Ella era
   a. muy pobre.   b. muy fecunda.   c. muy mujer.   d. muy casada.
2. ¿Cuál era la profesión del esposo?
   a. zapatero.   b. encapuchado.   c. criado.   d. director.
3. El que abandonaba a los niños en la casa de beneficencia era
   a. un zapatero.
   b. un individuo encapuchado.
   c. un recién nacido.
   d. un criado.
4. El zapatero regresó a la casa con
   a. unos mellizos.   b. muchos muchachos.   c. un bebé.   d. dos
   bebés.
5. El bebé que no era hijo del zapatero y su esposa tenía
   a. un cinturón negro.
   b. unos panes.
   c. un cinturón con monedas de oro.
   d. un angelito.

B. *Vocabulary*

Write sentences of your own using the following expressions.

1. por los menos
2. vigilar de cerca
3. al mismo tiempo
4. llamarse
5. cumplir años
6. recién nacido
7. fecundo (-a)

Select the word or expression in column B closest (or related) in meaning to each term in column A.

	A		B
1.	_____ zapatero	a.	recién nacido
2.	_____ mellizos	b.	esposa
3.	_____ puerta	c.	doce
4.	_____ bebé	d.	bien
5.	_____ marido	e.	dos niños iguales

6. ___ docena	f. casa
7. ___ encapuchado	g. con una capa
8. ___ padre	h. zapato
9. ___ mal	i. hijo
10. ___ recursos	j. director
11. ___ oficina	k. dinero

C. Direct and Indirect Object Pronouns

Remember that direct and indirect object pronouns are placed directly before a conjugated verb.

Rewrite the following sentences replacing the words in italics with a direct object pronoun.

EXAMPLE: El zapatero tiene *las monedas.*
El zapatero las tiene.

1. El encapuchado abandona *a los niños.*
2. El marido lleva *dos niños* a la casa.
3. El niño traía *una nota.*
4. El zapatero pudo mejorar *su tienda.*
5. Ellos necesitan *dos panes más.*

Rewrite the following sentences replacing the words in italics with an indirect object pronoun in the proper position.

EXAMPLE: María escribe una nota *a Juana.*
María le escribe una nota.

1. La mujer da muchos hijos *al zapatero.*
2. El zapatero dijo la verdad *a la directora.*
3. El marido contó su experiencia *a su esposa.*
4. La directora ordenó *a los criados* vigilar el lugar.
5. Ella envía monedas de oro *para mí.*

Remember that when both object pronouns are used in the same sentence, the indirect object *always precedes* the entire verb construction. When both the indirect and the direct object pronoun begin with **l**, the indirect pronoun changes to **se**.

Rewrite the following sentences, replacing the words in italics with a direct or indirect object pronoun.

EXAMPLE: María le escribe *una nota a Juana*.
María *se la* escribe.

1. Aquí le dejo *los niños* a Ud.
2. Él nos ha enviado *muchos niños*; tenemos que vigilar *la casa*.
3. El zapatero pensó que Dios le había enviado *las monedas*.
4. El marido le trajo *dos recién nacidos* a su esposa.
5. Ella envía *monedas para mí*.
6. Le puede llevar *los niños* a su esposa.

D. *Use of Prepositions*

Supply the correct preposition.

1. El hombre estaba casado ____ una mujer buena.
2. Dejaron a los muchachos ____ las puertas de la casa de beneficencia.
3. Ella ordenó vigilar ____ cerca el edificio.
4. El individuo estaba cubierto ____ una capa negra.
5. El niño tenía unas monedas ____ el cinturón.

E. *Use of the Preterit*

The preterit is used to indicate (1) completed events or actions in the past; (2) the beginning of an action; and (3) the end of an action.

Complete the following sentences with the correct form of the preterit.

1. Ellos (comenzar) ____ a dejar recién nacidos abandonados.
2. La directora se (alarmar) ____ mucho.
3. Los criados le (informar) ____ que un mismo individuo era el responsable.
4. Nosotros (decidir) ____ buscar la verdad.
5. Uds. (llevar) ____ al hombre a la policía.
6. Ella se (proponer) ____ descubrir la identidad del encapuchado.
7. Él no (tener) ____ más remedio que regresar a su casa.
8. Cuando menos lo esperaba, el zapatero (abandonar) ____ la pobreza.
9. El hombre (terminar) ____ de trabajar.

F. *Use of the Imperfect*

The imperfect tense is used to indicate (1) actions in progress; (2) continuing actions; (3) repeated, habitual actions; (4) actions where information on the beginning or ending is not important; and (5) time in the past.

Complete the following sentences with the correct form of the imperfect.

1. La familia pobre (vivir) _____ en la calle de los Gallos.
2. El zapatero (estar) _____ casado.
3. Un encapuchado (ser) _____ el que abandonaba a los niños todos los días.
4. Los criados (vigilar) _____ la entrada de la casa de huérfanos.
5. La mujer se (haber) _____ quedado llorando. Ella todavía (llorar) _____ cuando su esposo entró.

G. *Use of* **ir a** + infinitive.

Remember that **ir a** + *infinitive* is used in Spanish to express an action or event that is going to take place in the future.

> EXAMPLE: El hombre lleva al recién nacido a la casa de beneficencia.
> **El hombre va a llevar al recién nacido a la casa de beneficencia.**

Rewrite the following sentences using **ir a** + infinitive.

1. Tenemos una docena de hijos.
2. Nosotros sacamos fuerzas de flaquezas.
3. El zapatero abandona la miseria.
4. Los padres verdaderos no pueden criar a su recién nacido.
5. Los criados cogen al zapatero.
6. Necesito dos panes.

H. *The Past Participle*

Give the past participle of the following verbs.

1. casar
2. vivir
3. nacer
4. traer
5. asustar
6. poder
7. abandonar
8. criar
9. cuidar
10. escribir
11. ver
12. descubrir
13. hacer
14. poner

I. *Topics for Discussion*

Answer the following questions in Spanish.

1. ¿Qué nos enseña la historia del zapatero?
2. ¿Por qué cree Ud. que los padres abandonaron al recién nacido?
3. ¿Tiene Ud. una familia numerosa? ¿Cuántos son? ¿Qué hacen sus padres?

J. *Composition*

Write a short paragraph using some or all of the following words and expressions.

zapatero, recién nacido, casa de huérfanos, miseria, abandonar, vigilar de cerca, no tener más remedio, cinturón, monedas de oro

K. *Review*

Review the vocabulary and the grammar points covered in this part. Then complete each sentence of the passage with the correct form of the word in parentheses.

El diablo Barac no (querer) _____ vivir más en el infierno porque (*his*) _____ enemigo Jeraní siempre se (reír) _____ de él. Luzbel le ha (decir) _____ a Barac que (tener) _____ que ir (*use prep.*) _____ la Tierra y traer el alma (*use prep.*) _____ una mujer joven y hermosa. Barac (saber / conocer) _____ que (*his*) _____ trabajo es muy difícil. (*Use prep.*) _____ traer a una mujer bella (*use contraction*) _____ infierno, necesita (ser / estar) _____ muy inteligente. Barac (dormir) _____ poco esa noche. Se (arrepentir) _____ de haber (venir) _____ a la Tierra. Pero, poco después (ver) _____ a una mujer joven y muy hermosa que le (gustar) _____ mucho. Él quiere (saber / conocer) _____ a la joven. Primero (*use ind. obj.*) _____ manda flores y después (*use ind. obj.*) _____ manda una carta. Pronto los dos se (saber / conocer) _____. Barac cree que (poder) _____ llevarse a la joven (*use contraction*) _____ infierno, pero descubre que la joven (ser / estar) _____ Jeraní. (*Use prep.*) _____ esta razón, (*our*) _____ amigo Barac (ser / estar) _____ muy triste.

Part 2

Part 2 presents the jungle story "Anaconda" by the Uruguayan writer Horacio Quiroga (1878–1937), one of Latin America's great short-story tellers.   Quiroga is reminiscent of Kipling, with whom he is often compared.

One could almost suspect that Quiroga had the language student in mind when he wrote "Anaconda." Very few uncommon words appear in this story.   Aside from the names of a dozen species of snakes, most of the words are basic, useful vocabulary, necessary for further reading.   As though to emphasize the key words, Quiroga repeats them frequently.   Indeed, few words appear only once.

The story appears here almost as originally written.   Because of its length, a few deletions were made, chiefly sentences or fragments involving complex descriptions.   What is left is Quiroga's direct prose style, with a half dozen substitutions for uncommon or regional colloquial expressions.   New words and expressions appear as footnotes at the bottom of each page where they first occur.

If you like this story and want to know what happens to Anaconda next, the story "El regreso de Anaconda," referred to in the final paragraph of the text, tells of her adventures many years later.

STUDY AIDS

The following suggestions will help you in your reading of "Anaconda":

1. Glance over the vocabulary exercises before reading the story.
2. Be sure to review **ser** and **estar**; the use of the infinitive; the imperfect tense; the preterit tense; the use of object pronouns with infinitives; and the adverbs.   There are exercises reinforcing these grammar points at the end of each set of chapters.
3. Try to guess the general meaning of each sentence before you

verify your understanding by means of the footnotes and vocabulary.   Reread the story aloud with the aid of the footnotes when necessary.

4. Try to recall the main ideas in each story and list them in order of importance.   Then try to recall the expressions you learned in this unit to be sure you know how they are used. Rewrite your ideas in a cohesive paragraph.   At the end of this part is a list of key words and phrases to facilitate your composition.

ANACONDA

HORACIO QUIROGA

I

Eran las diez de la noche y hacía calor. El tiempo pesaba sobre la selva sin un soplo de viento.[1] El cielo[2] estaba negro y parecía que iba a llover.

Por un camino de la selva pasaba Lanceolada con la lentitud típica de las víboras. Era una hermosísima yarará[3] de un metro cincuenta centímetros de largo.[4] Todavía no había comido. Al llegar a un lugar del camino se detuvo y esperó sin moverse. Por allí debían pasar algunos animales del bosque.

Esperó cinco horas. ¡Mala noche! Comenzaba a romper el día y Lanceolada iba a retirarse cuando cambió de[5] idea. A la luz del nuevo día se veía contra el cielo una inmensa sombra,[6] una casa vieja.

—Voy a pasar cerca de la Casa— se dijo la yarará:

—Hace días que siento ruido y es necesario estar alerta.

Y marchó prudentemente hacia la sombra.

La casa a que hacía referencia Lanceolada era un viejo edificio[7] blanco. Desde tiempo inmemorial había estado abandonado. Ahora se sentían ruidos y golpes . . . acaso la presencia del Hombre. ¡Cosa mala!

La víbora oyó un ruido de puerta que se abría. Levantó la cabeza y vió una sombra alta y robusta que avanzaba[8] hacia ella. Oyó también el ruido de los pasos que anunciaba el enemigo.

—¡El Hombre! —murmuró Lanceolada y rápidamente se enrolló.[9]

La sombra pasó sobre ella. Un enorme pie cayó a su lado, y la yarará, con gran violencia, lanzó la cabeza contra aquello.

---

[1] **soplo de viento** breath of wind [2] **cielo** sky [3] **yarará** viper, poisonous snake
[4] **metro cincuenta centímetros de largo** a meter and fifty centimeters long (about five feet) [5] **cambiar de** to change [6] **sombra** shadow [7] **edificio** building
[8] **avanzar** to advance, go forward [9] **enrollarse** to coil.

El hombre se detuvo; había creído sentir un golpe en las botas. Miró a la tierra pero no vio nada y siguió adelante.[10]
La yarará se retiró segura de que aquel acto era el prólogo de un gran drama.

II

5 Al día siguiente Lanceolada pensó primero en el peligro[11] que la llegada del Hombre traía sobre todas las especies de víboras. Hombre y Devastación son sinónimos en el Pueblo de los animales.   Las víboras en particular temían dos cosas: el machete[12] y el fuego.

10 Era urgente, pues, prevenir[13] aquello.   Lanceolada esperó la noche para ponerse en acción.   Sin gran dificultad encontró a dos amigas que dieron la voz de alarma.   A las dos de la mañana el Congreso de serpientes estaba en sesión, con casi todas las especies presentes.

15 En el bosque había una caverna que servía de casa a Terrífica, una vieja serpiente de cascabel.[14]   No pasaba de un metro cincuenta de largo, pero en cambio era muy gruesa.[15]

Allí con Terrífica como presidente, empezó el Congreso de las Víboras.   Estaban allí, fuera de Lanceolada y Terrífica, las otras
20 yararás del país: la pequeña Coatiarita; la hermosa Cruzada que en el sur llaman víbora de la cruz;[16] también Atroz y Urutú Dorado, una yararacusú[17] negra con bandas de oro.

Según las leyes de las víboras, ninguna especie poco abundante en el país puede presidir los Congresos.   Por esto Urutú Dorado,
25 raro y magnífico animal de muerte,[18] no buscaba este honor, concediéndolo de buen grado[19] a la víbora de cascabel, más débil[20] pero más abundante.

—¡Compañeras! —dijo.— Lanceolada nos ha hablado de la pre-

---

[10]**adelante** forward [11]**peligro** danger [12]**machete** machete, cane knife
[13]**prevenir** to prevent [14]**serpiente de cascabel** rattlesnake [15]**grueso (-a)** thick,
fat [16]**cruz** cross [17]**yararacusú** poisonous snake [18]**de muerte** of death, deadly
[19]**de buen grado** willingly [20]**débil** weak

sencia del Hombre. Estoy segura de que todas nosotras deseamos salvar[21] nuestro país de la invasión. Hay sólo un modo: la guerra al Hombre, desde esta misma noche. Todas somos iguales; no soy ahora una serpiente de cascabel; soy una yarará como ustedes.

5 ¡Nosotros somos la Muerte, compañeras! Y entre tanto,[22] ¿quién tiene un plan de acción?

Todos saben, por los menos[23] en el Imperio de las Víboras, que la Terrífica es tan larga de cuerpo como corta[24] de inteligencia. Ella lo sabe también, y aunque no puede hacer plan alguno, tampoco

10 habla mucho.

Entonces Cruzada dijo:

—Es verdad. Necesitamos un plan. Lo que lamento es la falta[25] en este Congreso de nuestras primas, las culebras sin veneno.[26]

15 —¿Por qué? —exclamó Atroz.— Las culebras no valen mucho.

—Tienen ojos de pescado —añadió la pequeña Coatiarita.

—¡Me dan disgusto! —protestó vivamente[27] Lanceolada.

—¿No es otra cosa lo que te dan? —murmuró Cruzada, mirándola.

20 —¿A mí? —silbó[28] Lanceolada, levantando la cabeza.— Te digo que quedas mal[29] aquí defendiendo a esa especie miserable.

—Si te oyen las cazadoras[30] —murmuró irónicamente Cruzada, su rival del sur. Pero al oír este nombre *cazadoras*, el Congreso entero comenzó a silbar.

25 —¡No hay para qué decir eso! —gritaron las serpientes.— ¡Ellas son culebras y nada más!

—Ellas se llaman a sí mismas las cazadoras— respondió Cruzada. —Y estamos en congreso y en el Congreso debemos tener paz.

30 —¡Vamos, vamos! —intervino[31] Terrífica. —Cruzada va a

---

[21]**salvar** to save [22]**entre tanto** meanwhile, in the meantime [23]**por lo menos** at least [24]**corto (-a)** short [25]**falta** absence, lack [26]**culebra sin veneno** nonpoisonous snake [27]**vivamente** vigorously, energetically [28]**silbar** to hiss [29]**quedar mal** to make a bad impression [30]**cazador (-a)** hunter [31]**intervenir** to interrupt

explicar para qué quiere la ayuda[32] de las culebras que no representan la Muerte como nosotras.

—¡Para esto! —contestó Cruzada. —Es necesario saber lo que hace el Hombre en la Casa. Alguien tiene que ir hasta la Casa
5 misma. No es fácil, porque si nosotras representamos la Muerte, el Hombre también es la Muerte, y mucho más rápida que la nuestra. Es verdad que nosotras podemos ir y ver. ¿Pero volver? Nadie mejor para esto que la cazadora Ñacaniná. Hace exploraciones todos los días. Puede llegar al techo[33] de la Casa del
10 Hombre, ver, oír y volver a informarnos en seguida.

La proposición era tan clara que esta vez el Congreso entero la aprobó.[34]

—¿Quién va a buscarla? —preguntaron algunas voces.

—Voy yo —dijo Cruzada. —Vuelvo en seguida.

15 —¡Eso es! —gritó irónicamente Lanceolada desde atrás.[35] —Tú que eres su protectora, puedes hallarla[36] en seguida.

Cruzada tuvo tiempo todavía de volver la cabeza hacia ella y le sacó la lengua.[37]

III

Cruzada halló a Ñacaniná en árbol.

20 —¡Eh, Ñacaniná! —silbó.

La ñacaniná oyó su nombre, pero no respondió la primera vez.

—¡Ñacaniná! —repitió Cruzada.

—¿Quién me llama? —respondió la culebra al fin.

—Soy yo, Cruzada.

25 —¡Ah, la prima! ¿Qué quieres, prima mía?

—¿Sabes lo que pasa en la Casa?

—Sí, que ha llegado el Hombre. ¿Qué más?

—¿Y sabes que estamos en congreso?

—¡Ah, no; esto no lo sabía! —respondió la Ñacaniná, deslizán-
30 dose[38] cabeza abajo[39] contra el árbol. —Debe de ser algo grave. ¿Qué pasa?

---

[32]**ayuda** help [33]**techo** roof [34]**aprobar** to approve [35]**desde atrás** from behind
[36]**hallar** to find [37]**sacó la lengua** stuck out his tongue [38]**deslizarse** to glide,
slide [39]**cabeza abajo** head first

—Por el momento, nada; pero nos hemos reunido[40] en congreso para ver lo que debemos hacer. En dos palabras: se sabe que hay varios Hombres en la Casa y que se van a quedar. Es la Muerte para nosotras.

5   —Yo creía que ustedes eran la Muerte para sí mismas. ¡No se cansan[41] de repetirlo! —murmuró irónicamente la culebra.

—¡Necesitamos de tu ayuda, Ñacaniná!

—¿Para qué? Eso no me importa a mí.

—¡Quien sabe! Para desgracia[42] tuya, te pareces bastante[43] a

10 nosotras las venenosas. Defendiendo nuestros intereses defiendes los tuyos.

—Comprendo —respondió la ñacaniná, después de un momento.

—Bueno. ¿Contamos[44] contigo?

15 —¿Qué debo hacer?

—Muy poco. Ir en seguida a la Casa y ver y oír lo que pasa.

—No es mucho, no —respondió Ñacaniná, frotando[45] la cabeza contra el árbol. —Pero es el caso —añadió—que allí en el árbol tengo mi comida.

20 —En la Casa del Hombre puedes hallar algo que comer —la consoló Cruzada.

Su prima la miró un momento.

—Bueno, bueno. —dijo la yarará. —Podemos pasar primero por el Congreso.

25 —¡Ah, no! —protestó la ñacaniná. —¡Eso no! Les hago a ustedes un favor, pero nada más. Podemos ir al Congreso más tarde . . . si vuelvo. ¡Pero ver ahora los cascabeles de Terrífica, los ojos de Lanceolada, y la cara estúpida de Coralina, eso no!

30 —No está Coralina.

—¡No importa! Con las otras tengo bastante.

—¡Bueno, bueno! —respondió Cruzada que no quería hablar más. —Pero si vas tan rápidamente no puedo seguirte.

---

[40]**reunirse** to meet, assemble [41]**cansarse (de)** to get tired (of) [42]**desgracia** misfortune [43]**bastante** enough, a lot [44]**contar con** to rely on [45]**frotar** to rub

—¡Pues, adiós! Ya estás cerca de las otras —contestó la culebra
y se lanzó a toda velocidad, dejando atrás a su prima venenosa.

IV

Un cuarto[46] de hora después, la cazadora llegaba a su destino. Por
las puertas abiertas salía mucha luz, y desde lejos la ñacaniná pudo
5 ver a cuatro hombres sentados alrededor de la mesa.

Para llegar sin peligro sólo faltaba evitar al perro. Ñacaniná le
tenía mucho miedo. Por eso, se deslizó adelante con gran cautela,[47] sobre todo cuando llegó frente al corredor.

Ya en él, observó con atención. ¡Allí estaba! La culebra podía
10 ver por entre las piernas de los hombres a un perro negro que
dormía. Desde el lugar en que se encontraba, podía oír, pero no
podía ver a los Hombres. Por eso la culebra trepó[48] por una escalera[49] y se instaló en una viga[50] cerca del techo. Pero a pesar de sus
precauciones, un viejo clavo[51] cayó al suelo y un hombre levantó
15 los ojos.

—¡Se acabó![52] —se dijo Ñacaniná, sin moverse. Otro hombre
miró también hacia arriba.[53]

—¿Qué hay? —preguntó.

—Nada —respondió el primero. —Me pareció ver algo negro
20 por allá.

—Una rata.

—Este hombre no sabe —murmuró para sí la culebra.

—O alguna ñacaniná.

—Tiene razón el otro hombre —murmuró de nuevo[54] la ser-
25 piente, preparándose para la lucha. Pero los hombres bajaron[55]
de nuevo los ojos y Ñacaniná vio y oyó durante media hora.

V

La Casa, causa del peligro para toda la selva, era un importante
instituto científico. Debido al gran número de víboras en aquel
país, el presidente de la nación había decidido la creación de un

---

[46]**cuarto** quarter [47]**cautela** caution [48]**trepar** to climb [49]**escalera** ladder
[50]**viga** beam [51]**clavo** nail [52]**¡Se acabó!** This is the end. [53]**hacia arriba** up
[54]**de nuevo** again [55]**bajar** to lower

instituto para la preparación de sueros[56] contra el veneno de las víboras. La abundancia de éstas es un punto importante, pues todos saben que la falta de víboras de que sacar el veneno es la principal dificultad para una vasta preparación del suero.

5 El nuevo instituto podía comenzar casi en seguida, porque contaba con dos animales (un caballo y una mula) ya casi completamente inmunizados.[57] Se había logrado[58] organizar el laboratorio y el serpentario.[59] El instituto había llevado consigo no pocas serpientes, las mismas que servían para la inmunización
10 de los animales mencionados. Pero un caballo en su último grado de inmunización necesita seis gramos de veneno en cada inyección (cantidad suficiente para matar a doscientos cincuenta caballos). Así que debe ser muy grande el número de víboras que necesita un instituto de esta clase.

15 —Y los animales ¿cómo están hoy? —preguntó un hombre de lentes negros que parecía ser el director.

—Muy enfermos —respondió otro. —Si no podemos encontrar bastante veneno en estos días . . .

La ñacaniná, inmóvil, alerta, comenzaba a calmarse.

20 —Me parece —se dijo— que no hay que temer a estos hombres.

—Hemos tenido hoy un día malo —añadió alguno. —Cinco tubos de ensayo[60] se han roto . . .

La ñacaniná se sentía cada vez más[61] inclinada a la compasión.

25 —¡Pobre gente! —murmuró. —Se les han roto cinco tubos.

Iba a dejar su lugar para explorar aquella casa inocente cuando oyó:

—En cambio, las víboras están magníficas. El país parece estar lleno de ellas.

30 —¿Eh?— La culebra dio una sacudida[62] jugando rápidamente con la lengua. —¿Qué dice este hombre de traje blanco?

El hombre proseguía.[63]

—Para ellas, sí, el lugar me parece ideal. Y las necesitamos urgentemente.

---

[56]**suero** serum [57]**inmunizado (-a)** immunized, protected [58]**lograr** to succeed in [59]**serpentario** snake house [60]**tubo de ensayo** test tube [61]**cada vez más** more and more [62]**sacudida** start, quiver [63]**proseguir** to continue

—Pronto vamos a cazar a todas las víboras de este país, —dijo el director. —No hay duda de que es el país de las víboras.

—¡Hum . . . hum . . . hum! —murmuró Ñacaniná. —Las cosas comienzan a ser un poco distintas.[64] Hay que quedarse un poco
5 más con esta buena gente. Se aprenden cosas curiosas.

Oyó tantas cosas curiosas que cuando al cabo de[65] media hora la serpiente quiso retirarse, el exceso de sabiduría[66] le hizo hacer un falso movimiento[67] y la tercera[68] parte de su cuerpo cayó contra la pared, haciendo un ruido. Como había caído de cabeza,[69] en un
10 momento la volvió hacia la mesa moviendo la lengua rápidamente.

La ñacaniná es la más valiente de nuestras serpientes. Su propio valor la hace creer que es muy terrible. Se sorprendió, pues, al ver que los Hombres empezaban a reír.

—Es sólo una ñacaniná. ¡Mejor! Así puede matar las ratas de
15 la casa.

—¿Ratas? —exclamó otro. —Una de estas noches la voy a encontrar buscando ratas dentro de mi cama . . .

Y el hombre se levantó y lanzó un palo[70] contra la ñacaniná.

El palo pasó silbando cerca de la cabeza de la serpiente y dio
20 con[71] terrible fuerza[72] en la pared. La ñacaniná se retiró rápidamente.

Rastreada[73] por el perro (lo que le dio nueva idea de aquel animal), la culebra llegó a la caverna. Pasó por encima de[74] Lanceolada y Atroz y se enrolló, casi muerta de fatiga.

VI

25 —¡Por fin! —exclamaron todas. —Creíamos que te ibas a quedar con tus amigos los Hombres . . .

—¡Hum! —murmuró Ñacaniná.

—¿Qué noticias[75] nos traes? —preguntó Terrífica.

—¿Qué van a hacer los Hombres?

30 —Es mejor pasar al otro lado del río —respondió Ñacaniná.

---

[64]distinto (-a) different [65]al cabo de at the end of [66]sabiduría wisdom [67]falso movimiento accidental movement [68]tercero (-a) third [69]de cabeza headfirst [70]palo stick [71]dar con to hit [72]fuerza force [73]rastreado (-a) (rastrear) tracked, followed [74]por encima de over [75]noticias news

—¿Qué? . . . ¿Cómo? —exclamaron todas. —¿Estás loca?
¿Qué quieres decir?

Ñacaniná contó todo lo que había visto y oído: la organización
del Instituto, sus fines[76] y el plan de los hombres de cazar[77] las
5 víboras del país.

—¡Cazarnos! —gritaron Urutú Dorado, Cruzada y Lanceolada. —¡Matarnos, quieres decir!

—No. Cazarlas, nada más. Ponerlas en una jaula,[78] darles bien
de comer y sacarles el veneno cada veinte días. ¿Quieren vida
10 más dulce?

El Congreso quedó inmóvil. Ñacaniná había explicado muy
bien el fin de esta preparación del suero, pero lo que no había
explicado era los medios para obtener el veneno.

—¡Un suero contra el veneno! Es decir, la inmunización de
15 hombres y animales contra las culebras. ¡La Familia de serpientes
iba a morir de hambre en la selva natal![79]

—¡Eso es! —respondió Ñacaniná.— Nada menos.

Para la Ñacaniná, el peligro previsto[80] era mucho menor. ¿Qué
les importaba a ella y sus hermanas las cazadoras, a ellas que
20 cazaban a fuerza de músculos,[81] la inmunización de los animales?
Había sólo una dificultad: que una culebra se parece mucho a una
víbora. Esto podía causar confusiones fatales. Por eso tenía
interés en destruir[82] el Instituto.

—Yo me ofrezco[83] a empezar el ataque[84]—dijo Cruzada.

25 —¿Tienes un plan? —murmuró Terrífica, siempre sin ideas.

—Ninguno. Pienso ir mañana de tarde a matar a alguien.

—¡Cuidado![85] —le dijo Ñacaniná con voz irónica.— Hay varias
jaulas vacías. —Luego, volviéndose a Cruzada de nuevo,
murmuró:— ¡Ah, otra cosa! Hay un perro negro. . . Creo que
30 puede rastrear[86] a una víbora. ¡Cuidado!

—Podemos llamar otro congreso para mañana por la noche
—empezó Cruzada. —Si yo no puedo estar . . .

Pero todas las víboras hablaron a la vez.

---

[76]**fin** purpose [77]**cazar** to hunt [78]**jaula** cage [79]**natal** home [80]**previsto (-a)**
foreseen [81]**a fuerza de músculos** by sheer strength (of muscle) [82]**destruir** to
destroy [83]**ofrecer** to offer [84]**ataque** attack [85]**¡Cuidado!** Be careful! [86]**rastrear**
to track, trail

—¿Un perro que puede rastrearnos? ¿Estás segura, Ñacaniná?

—Casi. ¡Cuidado con ese perro, porque puede ser de más peligro que todos los hombres de la Casa!

—Yo misma puedo matarlo —exclamó Terrífica, contenta de
5 poder echar veneno sin hacer esfuerzo[87] mental.

A las tres de la mañana el Congreso se terminó. Cada víbora salió para dar la voz de alarma en su terreno,[88] y a Ñacaniná, que trepaba bien, se le encargó[89] especialmente llevar la noticia a los árboles, lugar preferido de las culebras. Sólo en la caverna, la
10 serpiente de cascabel quedaba enrollada e inmóvil, con su imaginación llena de mil perros muertos por su veneno.

VII

Era la una de la tarde. Detrás de unos árboles, se arrastraba[90] Cruzada hacia la Casa. No llevaba otra idea que matar a sus enemigos los hombres. Llegó al corredor y se enrolló allí es-
15 perando. Pasó así media hora. El calor de los últimos tres días comenzaba a pesar sobre los ojos de la yarará cuando un ruido llegó desde la puerta abierta de la Casa. Ante la víbora, a pocos centímetros de su cabeza, corría el perro negro con los ojos casi cerrados a causa de la luz.

20 —¡Maldito[91] animal! —se dijo Cruzada. —¿Dónde está su amo?

En ese momento el perro se detuvo y volvió la cabeza . . . ¡Tarde ya! Cruzada se lanzó. El perro dio un aullido[92] de sorpresa y movió el hocico mordido.[93]

25 —Ya voy a matar a este animal —murmuró Cruzada enrollándose de nuevo.

Pero cuando el perro iba a lanzarse sobre la víbora, sintió la llegada de su amo y comenzó a ladrar.[94] El hombre de los lentes negros corrió rápidamente hacia Cruzada.

30 —¿Qué es? —preguntaron los otros desde la casa.

---

[87]**esfuerzo** effort [88]**terreno** territory, district [89]**se le encargó** was entrusted
[90]**arrastrarse** to drag oneself [91]**maldito (-a)** cursed [92]**aullido** howl [93]**hocico
mordido** bitten nose [94]**ladrar** to bark

—Una víbora —respondió el director, e inmediatamente la serpiente se sintió cogida[95] en un lazo[96] al extremo de un palo.

La yarará lanzó su cuerpo a todos lados; trató en vano de enrollar el cuerpo en el palo.   ¡Imposible!   Le faltaba el punto de apoyo[97]
5 en la cola, el famoso punto de apoyo sin el cual la boa más fuerte es débil.   El hombre la llevó en el lazo al serpentario.

Éste era un lugar con una barrera de cinc liso,[98] que contenía algunas jaulas para las víboras.   Cruzada cayó en tierra y se quedó un momento enrollada.

10 Un momento después la yarará veía a cinco o seis compañeras. Cruzada las conocía a todas, con la excepción de una gran víbora que se bañaba en una jaula cerrada con tejido de alambre.[99] ¿Quién era?   Curiosa, se acercó lentamente.[1]

Se acercó tanto que la otra se levantó.   Inmediatamente
15 Cruzada cayó en guardia,[2] enrollada.   La gran víbora acababa de hinchar[3] el cuerpo como Cruzada nunca había visto hacerlo a nadie.   Quedaba realmente extraordinaria así.

—¿Quién eres? —murmuró Cruzada.   —¿Eres de las nuestras, es decir, venenosa?

20 La otra, convencida de que la yarará no tenía intención de ataque, bajó la cabeza.

—Sí —respondió.   —Pero no de aquí . . . muy lejos, . . . de la India.

—¿Cómo te llamas?

25 —Hamadrías . . . o cobra capelo real.[4]

—Yo soy Cruzada.

—Sí; no es necesario decirlo.   He visto muchas hermanas tuyas ya . . .   ¿Cuándo te cazaron?

—Hace un rato.[5]   Maté al perro.

30 —¿Qué perro?   ¿El de aquí?

—Sí.

La cobra real empezó a reír, a tiempo que[6] Cruzada tenía una

---

[95]**cogido (-a)** caught   [96]**lazo** loop, noose, snake-catcher   [97]**punto de apoyo** support, fulcrum   [98]**barrera de cinc liso** barrier of smooth zinc   [99]**tejido de alambre** wire netting   [1]**lentamente** slowly   [2]**en guardia** on guard   [3]**hinchar** to swell   [4]**capelo real** Royal Hooded (*a type of cobra*)   [5]**Hace un rato** A little while ago   [6]**a tiempo que** while

nueva sacudida; el perro negro que ella creía haber matado estaba
ladrando.

—Cosa rara ¿eh? —exclamó Hamadrías.   —A muchas les ha
pasado lo mismo.

5   —Pero es que le mordí la cabeza y el hocico —contestó Cruzada
con mucha sorpresa.   —¡No me queda una gota[7] de veneno! ¿No
puede morir el perro?

—Sí, pero no a causa de nosotras . . .   Está inmunizado.   Pero
tú no sabes lo que es esto . . .

10   —¡Sé! —respondió vivamente Cruzada.   —Ñacaniná nos contó
. . .

La cobra real la miró atentamente.[8]

—Tú me pareces inteligente.

—¡Tanto como tú, por lo menos! —exclamó Cruzada.

15   El cuello de la cobra se hinchó de nuevo y la yarará cayó en
guardia.   Las dos víboras se miraron largo rato y al fin la cobra bajó
la cabeza lentamente.

—Inteligente y valiente —murmuró Hamadrías.   —A ti te
puedo hablar . . .   ¿Conoces el nombre de mi especie?

20   —Hamadrías, supongo.[9]

—O cobra capelo real.   ¿Y sabes lo que comemos?

—No.

—Víboras americanas . . . entre otras cosas —terminó.

Cruzada se fijó[10] rápidamente en el largo de la víbora extran-
25 jera.

—¿Dos metros treinta? —preguntó.

—Cincuenta . . . dos metros cincuenta centímetros, pequeña
Cruzada —respondió la otra que había seguido sus ojos.

—Pues, más o menos el largo de Anaconda, una prima mía.
30 ¿Sabes lo que come mi amiga Anaconda?

—Supongo . . .

—Sí, víboras de la India —y miró a su vez a Hamadrías.

—Bien contestado —respondió ésta.   Y después de bañarse la
cabeza en el agua, añadió:

35   —¿Prima tuya, dijiste?

---

[7]**gota** drop [8]**atentamente** attentively [9]**suponer** to suppose [10]**fijarse (en)** to
notice, observe

—Sí.

—¿Sin veneno, pues?

—Así es, y por esto justamente[11] tiene gran debilidad[12] por las extranjeras venenosas.

5　Pero la cobra no la escuchaba[13] ya.

—Oye —dijo al fin, después de pensar unos momentos,— estoy harta[14] de hombres, perros, caballos, mulas y otros animales tontos.　Tú me puedes entender.　Paso[15] año y medio encerrada[16] en una jaula.　Y yo, que tengo valor, y fuerza tengo que dar mi

10　veneno para la preparación de los sueros para la protección de los Hombres.　¿Me entiendes?

—Sí —respondió la otra.　—¿Qué debo hacer?

—Una sola cosa.　Tú sabes que es necesario un punto de apoyo para poder usar nuestra fuerza.　Pero . . .

15　—¿Pero qué? —preguntó Cruzada y se acercó un poco.

La cobra real miró otra vez fijamente[17] a Cruzada.

—Hay peligro.　Puedes morir.

—¿Sola?

—¡Oh, no!　Ellos, algunos de los Hombres también van a morir.

20　—Es lo único que deseo.　¿Qué plan tienes?

La conversación continuó un rato en voz tan baja[18] que Cruzada se acercaba más y más a la jaula de la cobra hasta que el cuerpo de la yarará frotaba contra el tejido de alambre.　De pronto[19] la cobra se lanzó y mordió tres veces a Cruzada.　Las víboras que habían

25　visto de lejos el incidente gritaron:

—¡Ya está!　¡Ya la mató!　¡Es una traicionera![20]

Cruzada, mordida tres veces en el cuerpo, se arrastró por la tierra.　Muy pronto quedó inmóvil y fue ella a quien encontró el empleado del Instituto tres horas después.　El hombre vio la ya-

30　rará y con el pie le dio la vuelta.[21]

—Parece muerta . . . está bien muerta —murmuró.　—Pero ¿de qué?

---

[11]**justamente** precisely, exactly　[12]**debilidad** weakness (*Meaning that he really likes foreign snakes.　A threat.*)　[13]**escuchar** to listen　[14]**harto** (-a) (**de**) "fed up" (with)　[15]**paso** I (have) spent　[16]**encerrado** (-a) shut up　[17]**fijamente** fixedly, closely　[18]**bajo** (-a) low　[19]**de pronto** suddenly　[20]**traicionero** (-a) traitor　[21]**dar vuelta** to turn over

No fue largo su examen: en el cuerpo y en la cabeza notó huellas[22] de colmillos[23] venenosos.

—¡Hum! —se dijo el empleado. —Ésta no puede ser más que
la hamadrías. Veinte veces le he dicho al director que el tejido de
5 alambre está muy abierto. Ahí está la prueba.[24] En fin . . .
—terminó, cogiendo a Cruzada por la cola y lanzándola por encima
de la barrera de cinc— ¡una serpiente menos que cuidar!

Fue a ver al director:

—La hamadrías ha mordido a la yarará que cogimos hace un
10 rato. Vamos a sacarle muy poco veneno.

—¡Qué lástima![25]— respondió el hombre de los lentes negros. —Y necesitamos para hoy el veneno. No nos queda más
que un solo tubo de suero. ¿Murió la víbora?

—Sí y la tiré.[26] ¿Traigo[27] la hamadrías otra vez?

15 —No hay más remedio; pero dentro de dos o tres horas.

VIII

Al fin Cruzada abrió los ojos. Sentía la boca llena de tierra y
sangre. ¿Dónde estaba? El velo[28] oscuro de sus ojos empezaba a
desaparecer y ya podía ver mejor. Reconoció la barrera de cinc, y
al fin recordó todo: el perro negro, el lazo, la inmensa serpiente de
20 la India, el plan de batalla de ésta en que ella misma, Cruzada, iba
jugando su vida. También recordaba lo que debía hacer.

Trató de arrastrarse, pero en vano: su cuerpo ondulaba[29] en el
mismo lugar sin avanzar. Pasó un rato aún, pero todavía estaba
débil. ¿Qué podía hacer? ¿Cómo podía llegar al laboratorio?

25 —¡Y yo no estoy sino a treinta metros! —murmuraba. —¡Dos
minutos, un solo minuto de vida, y llego a tiempo!

Y después de nuevo esfuerzo podía deslizarse, arrastrarse hacia
el laboratorio.

Cruzó[30] el patio y llegó a la puerta. En este momento el
30 empleado, con las dos manos, levantaba en el aire a Hamadrías,

---

[22]**huella** trace　[23]**colmillo** fang　[24]**prueba** proof　[25]**¡Qué lástima!** What a pity!
[26]**tirar** to throw away　[27]**traer** to bring　[28]**velo** veil (*The feeling caused by
poison.*)　[29]**ondular** to wriggle　[30]**cruzar** to cross

mientras el hombre de los lentes negros le introducía[31] el vidrio de reloj[32] en la boca.   Cruzada estaba aún en la puerta.

—No llego a tiempo —se dijo, y arrastrándose en un supremo esfuerzo, tendió[33] adelante los blancos colmillos.

5   El empleado, al sentir la pierna mordida por la yarará, lanzó un grito[34] y se movió.   El cuerpo de la cobra real tocó la mesa.   La cobra se enrolló rápidamente.   Y con ese punto de apoyo, sacó su cabeza de entre las manos del empleado y fue a clavar[35] los colmillos en el brazo[36] izquierdo[37] del director, justamente en una vena.

10   ¡Ya estaba!   Con los primeros gritos, las dos serpientes, la cobra de la India y la yarará, huían[38] libres.[39]

—¡Un   punto   de   apoyo!   —murmuró   la   cobra   corriendo rápidamente.   —Nada más que eso me faltaba.   ¡Gracias a ti lo hallé por fin!

15   —Sí —contestó la yarará que corría a su lado, muy dolorida[40] aún.   —Pero no quiero repetirlo.

Allá an el Instituto, del brazo del hombre de los lentes negros pendían[41] dos negros hilos de sangre.   La inyección de una hamadrías en una vena es muy seria.   Ningún hombre puede 20 resistirla largo rato con los ojos abiertos, y los del director del Instituto se cerraban para siempre a los cuatro minutos.

IX

El Congreso estaba en sesión.   Además de Terrífica y Ñacaniná y las víboras Urutú Dorado, Coatiarita, Atroz y Lanceolada, había llegado Coralina.   Era muy hermosa con sus anillos[42] rojos y ne- 25 gros.

Faltaban varias especies de las venenosas y las cazadoras.   Era lamentable la auscencia[43] de la yarará a quien no había sido posible hallar por ninguna parte.   Esta víbora puede alcanzar tres metros. Es reina[44] en América.   Sólo una es superior en largo y potencia[45] 30 de veneno: la hamadrías de la India.

---

[31]**introducir** to put in, introduce [32]**vidrio de reloj** vial, small glass bottle for catching poison [33]**tender** to extend [34]**grito** shout [35]**clavar** to stick, jab [36]**brazo** arm [37]**izquierdo** (-a) left [38]**huir** to flee [39]**libre** free [40]**dolorido** (-a) sore [41]**pender** to hang [42]**anillo** ring, band [43]**ausencia** absence [44]**reina** queen [45]**potencia** power

Otra faltaba, además de Cruzada; era Anaconda, pero las víboras todas parecían no querer darse cuenta[46] de su ausencia. Pero poco después vieron una cabeza de grandes ojos vivos. Había llegado.

—¿Se puede?[47]

5 —¿Qué quieres aquí? —gritó Lanceolada con gran irritación.

—¡Éste no es tu lugar! —exclamó Urutú Dorado, levantando la cabeza.

—¿Qué quieres aquí? —gritaron otras.

Pero Terrífica, con silbido claro, logró hacerse oír.

10 —¡Compañeras! Estamos en congreso y todas conocemos sus leyes. Aquí no queremos actos de violencia. ¡Adelante, Anaconda!

Y la cabeza viva y hermosa de Anaconda avanzó, arrastrando sus dos metros cincuenta de cuerpo oscuro. Pasó ante todas, 15 cruzando una mirada de inteligencia con la ñacaniná, y fue a enrollarse con silbidos de satisfacción al lado de Terrífica, quien no pudo menos que[48] moverse un poco.

—¿Te incomodo?[49] —le preguntó cortésmente[50] Anaconda.

—¡No, de ningún modo! —respondió Terrífica.

20 Anaconda y Ñacaniná volvieron a cruzar una mirada irónica. Comprendían la hostilidad bien evidente del Congreso hacia la recién llegada. La anaconda es la reina de todas las serpientes del mundo. Su fuerza es extraordinaria, y no hay animal capaz[51] de resistir un abrazo[52] suyo. Cuando empieza a dejar caer del árbol 25 sus diez metros de cuerpo liso con grandes manchas[53] negras, la selva entera tiene miedo. Pero la anaconda es demasiado fuerte para odiar[54] a nadie, con una sola excepción. Si a alguien odia es, naturalmente, a las serpientes venenosas, y esto explica la conmoción de las víboras ante la cortés Anaconda.

30 Anaconda no era, sin embargo, hija de la región. Había llegado hasta allí en las aguas del Río Paraná[55] y continuaba en la región, muy contenta del país, en buena relación con todos y en particular con Ñacaniná. Era una joven anaconda que no había alcanzado los

---

[46]**darse cuenta de** to realize [47]**¿Se puede?** May I come in? [48]**no pudo menos que** could not help but [49]**incomodar** to annoy [50]**cortésmente** courteously [51]**capaz** capable [52]**abrazo** embrace [53]**mancha** spot [54]**odiar** to hate [55]**Río Paraná** Parana River (*a South American river that runs from Brazil to Argentina*)

diez metros de sus padres. Pero los dos metros cincuenta que medía[56] Anaconda ya valían por cinco[57] si se considera la fuerza de esta magnífica boa.

Pero Atroz comenzaba a hablar ante el Congreso.

5 —Creo que debemos empezar ya —dijo. —Ante todo es necesario saber algo de Cruzada. Prometió estar aquí en seguida.

—Lo que prometió —murmuró la ñacaniná,— es estar aquí lo más pronto posible. Debemos esperarla.

—¿Para qué? —replicó Lanceolada, sin volver la cabeza a la 10 culebra.

—¿Cómo para qué? —exclamó Ñacaniná, levantándose. —Se necesita ser tan tonta como una lanceolada para decir esto. ¡Estoy harta ya de oír en este Congreso cosas tontas! Las Venenosas no representan a la Familia entera. ¿No sabe ésa—y señaló con la cola 15 a Lanceolada— que de las noticias de Cruzada depende nuestro plan? ¿Y ella pregunta para qué esperarla?

—Ésos son insultos —le dijo gravemente Coatiarita.

Ñacaniná se volvió a ella:

—¿Y a ti quién te mete en esto?

20 —Digo que son insultos —repitió la pequeña serpiente.

Ñacaniná consideró a Coatiarita y cambió de voz.

—Tiene razón nuestra pequeña prima —terminó con calma.— Lanceolada, te pido perdón.

—¡No sé nada! —respondió la yarará con hostilidad.

25 —¡No importa! Pero vuelvo a pedirte perdón.

Felizmente[58] en este momento Coralina, que estaba a la entrada de la caverna, se acercó silbando:

—¡Ahí viene Cruzada!

—¡Al fin! —exclamaron alegres las serpientes.

30 Pero su alegría[59] se cambió en terror cuando detrás de la yarará vieron entrar a una inmensa víbora totalmente desconocida de[60] ellas. Mientra Cruzada iba a enrollarse al lado de Atroz, la otra se quedó inmóvil en el centro de la caverna.

—¡Terrífica! —dijo Cruzada,— es de las nuestras.

---

[56]**medir** to measure [57]**valer por cinco** as good as five [58]**felizmente** fortunately
[59]**alegría** happiness [60]**desconocido (-a) (de)** unknown (to)

—Somos hermanas —exclamó la de cascabel, observándola con calma.

Todas las víboras, muertas de curiosidad, se arrastraban hacia la desconocida.

5 —Parece una prima sin veneno —decía una, desdeñosamente.[61]

—Sí —añadió otra. —Tiene ojos grandes.

—Y cola larga.

Pero de pronto quedaron mudas[62] porque la desconocida acababa de hinchar el cuello. Un momento más tarde bajó la

10 cabeza lentamente.

—Cruzada, tus hermanas se acercan demasiado. No me gusta.

—Quieren darte la bienvenida[63] —exclamó Cruzada. —Porque acabas de salvarme la vida y tal vez la de todas nosotras.

No era necesario más. El Congreso escuchó la narración de

15 Cruzada, que tuvo que contarlo todo: el encuentro[64] con el perro, el lazo del hombre de lentes negros, el magnífico plan de Hamadrías, con la catástrofe final.

—Resultado:[65] —terminó Cruzada,—un hombre muerto. Ahora tenemos que destruir a los que quedan.

20 —¡Al caballo y a la mula! —dijo Hamadrías.

—¡Al perro! —añadió Ñacaniná.

—Yo creo que a los caballos —insistió la cobra real. —Si quedan vivos la mula y el caballo, un solo hombre puede preparar miles de tubos de suero, con los cuales es posible inmunizar a todo

25 el mundo contra nosotras. Insisto, pues, en que debemos dirigir todo nuestro ataque contra los caballos. En cuanto al perro —terminó con una mirada a Ñacaniná— no me parece de mucha importancia.

Era evidente que desde el primer momento la serpiente de la

30 India y la ñacaniná americana se habían odiado mutuamente. Y así la vieja hostilidad entre serpientes venenosas y no venenosas parecía crecer aun más en aquel último Congreso.

—Por mi parte —contestó Ñacaniná —creo que caballos y hombres son de menos importancia en esta lucha. Nos es fácil

35 destruir a los dos; pero esta facilidad no es nada comparada con la

---

[61]**desdeñosamente** disdainfully [62]**mudo** (-a) speechless [63]**bienvenida** welcome [64]**encuentro** meeting, encounter [65]**resultado** result(s)

que puede tener el perro contra nosotras.   Un perro inmunizado contra cualquier mordedura[66] es nuestro enemigo más terrible, y sobre todo si se recuerda que ese enemigo puede rastrearnos. ¿Qué crees, Cruzada?

5   Se sabía bien en el Congreso la amistad[67] curiosa entre la víbora y la culebra.

—Yo creo coma Ñacaniná —respondió Cruzada.   —Si el perro vive, estamos perdidas.

Era esto más de lo que podía oír la cobra real.   Sus colmillos
10   estaban llenos de veneno.

—No sé hasta qué punto puede tener valor la opinión de esta señorita —dijo, mirando a Ñacaniná.   —El peligro verdadero[68] en esta circunstancia es para nosotras, las Venenosas, que somos la Muerte.   Las culebras saben bien que el Hombre no les tiene
15   miedo porque no pueden hacerse temer.[69]

—¡Bien dicho! —dijo una voz que no había hablado hasta ahora.

Hamadrías se volvió vivamente porque en el tono quieto de la voz había creído notar una ironía, y vio dos grandes ojos brillantes que la miraban.

20   —¿A mí me hablas? —preguntó desdeñosamente.

—Sí, a ti.   Lo que has dicho contiene una profunda verdad.

La cobra real volvió a sentir la ironía y se fijó bien en el cuerpo de su enemiga enrollada en la sombra de la caverna.

—¡Tú eres Anaconda!

25   —¡Tú lo has dicho! —respondió aquélla.

Pero Ñacaniná quería una vez por todas[70] explicar las cosas.

—¡Un momento! —exclamó.

—¡No! —interrumpió Anaconda.   —Cuando un animal es ágil y fuerte, puede dominar a su enemigo con la energía de los mús-
30   culos.   Así cazan el tigre, nosotras y todos los animales de noble estructura.   Pero cuando un animal es poco inteligente y débil, entonces necesita un par de colmillos como las traicioneras, como esa señorita extranjera que nos quiere causar miedo con su gran capuchón.[71]

---

[66]**mordedura** bite [67]**amistad** friendship [68]**verdadero** (-a) real [69]**hacerse temer** to make themselves feared [70]**una vez por todas** once and for all [71]**capuchón** hood

En efecto, la cobra real, fuera de sí,[72] había hinchado su monstruoso capuchón para lanzarse sobre Anaconda. Pero también el Congreso entero se había levantado al ver esto.

—¡Cuidado! —gritaron algunas a la vez. —¡El Congreso es
5 inviolable![73]

—¡Abajo[74] el capuchón! —exclamó Atroz.

Hamadrías se volvió a ella con un silbido de odio.

—¡Abajo el capuchón! —añadieron Urutú Dorado y Lanceolada.

Hamadrías tuvo un momento de rebelión pero ante la actitud de
10 ataque del Congreso entero, bajó el capuchón lentamente.

—Está bien —silbó. —Respeto el Congreso pero no deben ustedes provocarme.

—Nadie te provoca —dijo Anaconda.

—¡Y tú menos que nadie, porque me tienes miedo! —respondió
15 la cobra.

—¡Miedo yo! —contestó Anaconda avanzando.

—¡Paz! —exclamaron todas de nuevo. —En vez de luchar es necesario decidir lo que debemos hacer.

—Sí, ya es tiempo de eso —dijo Terrífica. —Tenemos dos
20 planes: el de Ñacaniná y el de la cobra. ¿Comenzamos el ataque por el perro o lanzamos todas nuestras fuerzas contra el caballo y la mula?

Ahora bien: aunque la mayoría[75] quería adoptar el plan de la culebra, la serpiente de la India había impresionado[76] al Congreso
25 en su favor. Éste recordaba aún su magnífico plan de ataque contra los Hombres del Instituto y la muerte de uno de ellos. Por eso, al fin adoptaron el plan de la cobra.

Aunque era ya muy tarde, era también cuestión de vida o muerte llevar el ataque en seguida, y se decidió[77] partir[78] sobre la
30 marcha.

—¡Adelante, pues! —terminó la de cascabel.

—¿Nadie tiene nada más que decir?

—¡Nada! —gritó Ñacaniná. —Pero más tarde vamos a arrepentirnos.[79]

---

[72]**fuera de sí** beside herself   [73]**inviolable** sacred   [74]**¡Abajo!** Down with!
[75]**mayoría** majority [76]**impresionar** to impress [77]**se decidió** it was decided
[78]**partir** to set out [79]**arrepentirse** to be sorry, regret

Y las víboras y culebras inmensamente aumentadas[80] por otras especies, se lanzaron hacia el Instituto.

—¡Una palabra! —exclamó aún Terrífica. —¡Durante la batalla estamos en Congreso y en paz unas con otras! ¿Entendido?

5 —¡Sí, sí! —silbaron todas.

La cobra real, a cuyo[81] lado pasaba Anaconda, le dijo mirándola con odio:

—¡Después . . . !

—¡Ya lo creo![82] —le contestó alegremente Anaconda, lanzán-
10 dose adelante.

X

Los empleados del Instituto estaban al pie de la cama del enfermo mordido por la yarará. Eran las seis de la mañana. Un hombre se asomó a[83] la ventana, y creyó oír ruido en uno de los otros edificios. Escuchó un rato y dijo:

15 —Me parece que el ruido viene de la caballeriza.[84] ¿Quiere ir, Fragoso?

El empleado encendió el farol de viento[85] y salió mientras los otros quedaban alertos. No había pasado medio minuto cuando sentían pasos[86] rápidos en el patio y Fragoso aparecía, pálido de
20 sorpresa.

—¡La caballeriza está llena de víboras! —gritó.

—¿Llena? —preguntó el nuevo director. —¿Qué es eso? ¿Qué pasa? ¡Vamos!

—¡Daboy! ¡Daboy! —llamó otro hombre al perro. Y corriendo
25 todos entraron en la caballeriza.

Allí, a la luz del farol de viento, pudieron ver al caballo y a la mula luchando[87] a patadas[88] contra muchas víboras que evitaban[89] los golpes de los animales y mordían furiosas.

Los hombres empezaron el ataque. Las serpientes se de-

---

[80]**aumentado (-a)** increased [81]**cuyo (-a)** whose [82]**¡Ya lo creo!** Of course. I should say so. [83]**asomarse a** to lean out [84]**caballeriza** stable [85]**farol de viento** storm lantern [86]**paso** step [87]**luchar** to fight [88]**a patadas** by kicking [89]**evitar** to avoid

tuvieron un momento, para lanzarse en seguida silbando, a un nuevo ataque.

Alrededor de los empleados del Instituto había muchas víboras. Fragoso sintió un golpe de colmillos en las botas, cerca de la 5 rodilla, y dio un golpe a la víbora con su palo. El nuevo director partió en dos[90] a otra, y el otro empleado tuvo tiempo de aplastar[91] la cabeza de una gran serpiente que acababa de enrollarse al cuello del perro.

Esto pasó en menos de un minuto. Los palos caían con furioso 10 vigor sobre las víboras que avanzaban siempre, mordiendo las botas. Y en medio[92] del ruido, Fragoso, al lanzarse sobre una inmensa víbora, tropezó[93] y cayó. El farol se apagó.[94]

—¡Atrás![95] —gritó el nuevo director. —¡Daboy, aquí!

Y corrieron al patio, seguidos por el perro.

15 —Parece cosa del diablo —murmuró el director. —Nunca he visto cosa igual. ¿Qué tienen las víboras de este país? Ayer, aquel ataque; hoy . . . Por fortuna no saben que nos han salvado a los animales con sus mordeduras.

—Me pareció que allí andaba la cobra real —exclamó Fragoso.

20 —Sí —añadió otro empleado. —Yo la vi bien.

Volvieron los hombres otra vez al enfermo, cuya respiración[96] era mejor.

—Aquí viene el sol —dijo el nuevo director, asomándose a la ventana. —Usted, Antonio, puede quedarse aquí. Fragoso y yo 25 vamos a salir.

—¿Llevamos los lazos? —preguntó Fragoso.

—¡Oh, no! —respondió el director. —Con otras víboras, tal vez, pero no con éstas. Ahora necesitamos el machete.

En la caballeriza las víboras usaban la inteligencia total de todas 30 las especies. La oscuridad cuando se apagó el farol les había advertido[97] el peligro. Comenzaban a sentir ya en el aire la llegada del día.

—Si nos quedamos un momento más —exclamó Cruzada,— no podemos escapar. ¡Atrás!

---

[90]**partir en dos** to cut in two [91]**aplastar** to crush [92]**en medio de** in the midst of [93]**tropezar** to stumble [94]**apagarse** to be extinguished [95]**¡Atrás!** Go back! [96]**respiración** breathing [97]**advertir** to warn

—¡Atrás, atrás! —gritaron todas.

Y rápidamente, pasando unas sobre las otras, se lanzaron al campo,[98] viendo con miedo que el día comenzaba a romper. Veinte minutos después en la distancia, oyeron al perro. La columna se detuvo.

—¡Un momento! —gritó Urutú Dorado. —Es necesario ver cuántas somos y qué debemos hacer.

A la luz del nuevo día, examinaron sus fuerzas. Atroz, Coatiarita y muchas otras serpientes habían muerto en la caballeriza. Las otras, sin excepción, estaban llenas de polvo[99] y sangre.

—¡Éste es el éxito[1] de nuestra batalla! —dijo Ñacaniná. —¡Tu plan, Hamadrías!

Pero para sí sola se guardaba[2] lo que había oído detrás de la puerta de la caballeriza: en vez de matar, habían salvado la vida a la mula y al caballo que estaban muriendo por falta de veneno.

Sabido es que para un caballo que se inmuniza, el veneno es tan indispensable para su vida como el agua misma, y muere si le falta.

Otra vez oyeron al perro.

—¡Estamos en peligro! —gritó Terrífica. —Está rastreándonos. ¿Qué hacemos?

—¡A la caverna! —exclamaron todas, deslizándose a toda velocidad.

—¡Pero están locas! —gritó Ñacaniná, mientras corría. —Las van a aplastar a todas. ¡Van a la muerte! ¡Es mejor desbandarnos![3]

Las serpientes se detuvieron. A pesar de su miedo, algo les decía que eran buenas las palabras de Ñacaniná. Pero la cobra real, llena de odio para un país que en adelante debía serle muy hostil,[4] prefirió destruirlo todo, arrastrando con ella a las otras especies.

—¡Está loca Ñacaniná! —exclamó. —Desbandándonos pueden matarnos una a una. ¡A la caverna!

Ñacaniná vió aquello y comprendió que iba a la muerte. Locas

---

[98]**campo** country [99]**polvo** dust [1]**éxito** success [2]**para sí sola se guardaba** she kept it to herself [3]**desbandarse** to disband, to spread out so as to make the attack more difficult [4]**hostil** hostile, unfriendly

de miedo las víboras iban a morir a pesar de todo. Y con una
sacudida de lengua, ella, que podía salvarse por su velocidad, se
dirigió con las otras directamente a la caverna, a la muerte. Sintió
un cuerpo a su lado y se alegró al reconocer a Anaconda.
5   —¡Ya ves! —le dijo. —¡A lo que nos ha traído la cobra!
—Sí, es mala —murmuró Anaconda.
—¡Y ahora las lleva a morir todas juntas!
—Ella, por lo menos —advirtió Anaconda con voz grave —no
va a tener ese gusto . . .
10   Y las dos, con un esfuerzo de velocidad, alcanzaron[5] a la columna. Ya habían llegado.
—¡Un momento! —dijo Anaconda. —Ustedes no lo saben,
pero yo estoy segura de que dentro de diez minutos no va a quedar
viva una de nosotras. El Congreso y sus leyes están, pues, ter-
15 minados. ¿No es así, Terrífica?
—Sí —murmuró Terrífica. —Están terminados.
—Entonces —continuó Anaconda,— antes de morir quiero . . .
¡Ah, mejor así!—terminó, al ver a la cobra real que avanzaba len-
temente hacia ella.
20   No era aquél probablemente el momento ideal para una lucha.
Pero desde que el mundo es el mundo, las Venenosas y las
Cazadoras tienen que resolver sus asuntos particulares,[6] a pesar de
la presencia del Hombre sobre ellas.
El primer ataque fue favorable a la cobra real: sus colmillos se
25 clavaron en el cuello de Anaconda. Ésta lanzó su cuerpo adelante
y envolvió[7] a la hamadrías que en un momento se sintió ahogada.[8]
La boa abrazó a su enemiga y cerraba poco a poco sus anillos.
Pero la cobra no soltaba presa.[9] Hubo todavía un momento en
que Anaconda sintió su cabeza entre los colmillos de la hamadrías.
30 Pero logró hacer un supremo esfuerzo y esto decidió la lucha a su
favor. La boca de la cobra se abrió mientras la cabeza de
Anaconda mordía el cuello de la hamadrías.
Ya estaba terminado. La boa abrió sus anillos y el cuerpo de la
cobra real cayó a tierra, muerta.

---

[5]**alcanzar** to overtake [6]**asuntos particulares** private conflicts [7]**envolver** to coil
around [8]**ahogado (-a)** strangled [9]**soltar presa** to let go (release pressure)

—Por lo menos, estoy contenta . . . —murmuró Anaconda, cayendo a su vez cansada[10] sobre el cuerpo de la cobra.

Fue en ese momento cuando las víboras oyeron a menos de cien metros al perro. Y ellas sintieron dentro de sí la llamada sal-
5 vaje[11] de la lucha a muerte por la selva entera.

—¡A la caverna! —gritaron, sin embargo, algunas.

—¡No! ¡Aquí mismo! —silbaron todas.

En frente de la caverna con el cuello y la cabeza levantados sobre el cuerpo enrollado, esperaron.

10 No tuvieron que esperar mucho. Vieron llegar las dos altas sombras del nuevo director y Fragoso, con el perro Daboy.

—Se acabó. ¡Y esta vez definitivamente! —murmuró Ñaca-niná, despidiéndose[12] con esas seis palabras de una vida bas-tante[13] feliz, cuyo fin acababa de decidir.

15 Y con un violento ataque se lanzó al encuentro del perro que con la boca abierta llegaba sobre ellas. El animal escapó el golpe y cayó furioso sobre Terrífica, que clavó los colmillos en el hocico del perro. Daboy movió furiosamente la cabeza, sacudiendo[14] en el aire a la cascabel; pero ésta no soltaba presa. En ese momento
20 llegaron los hombres y la mataron.

Urutú Dorado fue partido en dos. Lanceolada logró morder la lengua del perro pero un momento después cayó al lado de las otras.

La lucha continuaba furiosa. Cayeron una tras[15] otra mordidas
25 por el perro o aplastadas por los hombres frente a la caverna de su último Congreso. Y de las últimas cayeron Cruzada y Ñacaniná.

Al fin no quedaba una. Los hombres se sentaron, mirando a todas las especies muertas. Daboy, cansado a sus pies, mostraba algunos síntomas de envenenamiento[16] a pesar de estar in-
30 munizado. Había sido mordido cincuenta y cuatro veces.

Cuando los hombres se levantaban para irse, se fijaron por primera vez en Anaconda que comenzaba a moverse.

—¿Qué hace esta boa por aquí? —preguntó el nuevo

---

[10]**cansado (-a)** tired, weary [11]**llamarada salvaje** savage rage [12]**despedirse (de)** to take leave of, say good-bye to [13]**bastante** rather [14]**sacudir** to shake [15]**tras** after; **una tras otra** one after the other [16]**síntomas de envenenamiento** symp-toms of poisoning

director. —No es éste su país. A lo que parece, ha luchado contra la cobra real y nos ha vengado[17] a su modo. Si logramos salvarla, haremos una gran cosa, porque parece terriblemente envenenada.[18] Vamos a llevarla a casa. Un día puede salvarnos a
5 nosotros.

Y se fueron llevando en un palo que cargaban sobre los hombros a Anaconda, que herida[19] y sin fuerzas iba pensando en Ñacaniná, cuyo destino,[20] con un poco menos de valor, podía haber sido como el suyo.

10 Anaconda no murió. Vivió un año con los Hombres, observándolo todo, hasta que una noche se escapó. Pero la historia de su vida por largo tiempo en el Río Paraná, el viaje que hizo Anaconda más tarde con sus hermanas sobre las aguas de una gran inundación[21]—toda esta historia de rebelión se cuenta en otro
15 libro.

EXERCISES

I–III

A. *Reading Comprehension*

Change the false statements to make them agree with the story.

1. La yarará nunca había visto la Casa.
2. La víbora creía que la presencia de las culebras era mala.
3. Terrífica presidía el Congreso porque era la víbora más inteligente y venenosa de la selva.
4. La cazadora Ñacaniná podía entrar en la Casa y matar a todos los hombres.
5. Cruzada podía correr tan rápidamente como su prima Ñacaniná.

Select the word or phrase that best completes each statement according to the story.

1. ¿Por qué Cruzada quiere la ayuda de las culebras sin veneno?
   a. Porque no representan la Muerte y pueden estar cerca del Hombre.
   b. Porque tienen ojos de pescado y ven muy bien.
   c. Porque son fuertes y saben cazar.
   d. Porque son sus primas y quieren ayudar.

---

[17]**vengar** to revenge, avenge [18]**envenenado** (-a) poisoned [19]**herido** (-a) wounded [20]**destino** fate [21]**inundación** flood

2. Para las víboras la presencia del Hombre significaba
    a. un gran acto.   b. unos pasos.   c. una devastación.   d. un pueblo.
3. La Terrífica vivía en
    a. una casa.   b. una caverna.   c. un país.   d. una cama.
4. Según Terrífica, hay que declarar . . . al Hombre para salvar su territorio de ese peligro.
    a. la invasión.   b. la igualdad.   c. la guerra.   d. la muerte.

B. *Vocabulary*

Write sentences using each of the following words or phrases.

1. desde atrás
2. de muerte
3. ponerse en acción
4. parecerse
5. por lo menos
6. fuera de
7. cambiar de idea
8. cerca de
9. hacer referencia
10. presidir

C. *Use of the Present Tense*

Complete the following sentences with the correct form of the present tense of the verb given in parentheses.

1. Nosotras (desear) _____ salvar nuestro país de la invasión del Hombre. 2. Las serpientes venenosas (ser) _____ la Muerte para todos. 3. Las culebras sin veneno no (valer) _____ mucho. 4. Las serpientes (saber) _____ que en el Imperio de las Víboras, la Terrífica no (ser) _____ muy inteligente. 5. Ellas (necesitar) _____ un buen plan. 6. Como la Terrífica no (poder) _____ hacer plan alguno, tampoco (hablar) _____ mucho. 7. Yo (ir) _____ a buscarla. 8. Tú que (ser) _____ su protectora, (poder) _____ hallarla en seguida. 9. ¿Quién me (llamar) _____? 10. ¿(Saber-tú) _____ lo que pasa en la casa? 11. Yo (tener) _____ mi comida en el árbol. 12. Yo les (hacer) _____ a Uds. un favor.

Complete each sentence with the correct form of the present tense of **ser** *or* **estar**. *Explain your choice.*

1. _____ las diez de la noche. 2. La casa _____ en la selva. 3. Siempre _____ necesario _____ alerta. 4. La sombra _____ de ella. 5. La llegada del Hombre _____ cosa mala. 6. El Congreso de Serpientes _____ en sesión. 7. Terrífica _____ muy gruesa. 8. La hermosa Cruzada _____ rival de Lanceolada. 9. La caverna _____ en el bosque. 10. Yo no _____ ahora una serpiente de cascabel.

D. Use of Prepositions

Supply the correct preposition.

1. Lanceolada pensó ____ el peligro. 2. Hacía calor y el tiempo pesaba ____ un soplo de viento. 3. Iba a pasar cerca ____ la casa. 4. Marchó *prudentemente* ____ la sombra. 5. Una enorme bota cayó ____ su lado. 6. La yarará lanzó la cabeza ____ la pierna del hombre. 7. En el Congreso faltan las culebras ____ veneno. 8. Cruzada va ____ explicar para qué quiere la ayuda de las otras. 9. Podemos pasar primero ____ el Congreso. 10. ____ allí debían pasar algunos animales del bosque. 11. La sombra pasó ____ ella. 12. Lanceolada esperó la noche ____ ponerse en acción.

E. Use of the Infinitive

Remember that most Spanish verbs can be followed by an infinitive. Infinitives are also used as objects of prepositions, as nouns, and with **al** to express *upon doing something.*

Complete the following passage using these infinitives: **moverse, ir, salir, llegar, cazar, enroscarse, hacer, volver.**

Al ____ a un lugar del camino, Lanceolada se detuvo. Esperó cinco horas sin ____ porque, como tenía mucha hambre, quería ____ un animal pequeño del bosque. Era tarde. ¿Qué debía ____? ____ a Casa del Hombre era peligroso. De pronto, la víbora oyó un ruido. Un hombre acababa de ____ rápidamente de la casa. Lanceolada estaba muy cansada y no tuvo tiempo de ____ la cabeza, ni de ____. Una enorme bota había caído a su lado.

IV–VI

A. Reading Comprehension

Change the statements that are incorrect to make them agree with the story.

1. Ñacaniná tenía más miedo del perro que de los hombres.
2. La culebra se instaló debajo de la mesa.
3. El presidente de la nación quería establecer un serpentario para proteger las pocas víboras del país.
4. El caballo y la mula estaban completamente inmunizados y no necesitaban más inyecciones de veneno.
5. La Ñacaniná es la serpiente más valiente de la selva.

Select the word or phrase that best completes each statement according to the story.

1. El director del laboratorio pensaba . . . todas las víboras del país.
   a. inyectar. b. cazar. c. envenenar. d. inmunizar.
2. Ñacaniná tenía interés en destruir el Instituto porque
   a. las víboras iban a morir de hambre.
   b. las culebras solamente cazaban a fuerza de músculo.
   c. los animales iban a estar inmunizados.
   d. los hombres podían confundir las cazadoras con víboras.
3. ¿Qué recomienda Ñacaniná?
   a. Pensar en una solución. b. Pegarle al perro. c. Ponerse en una jaula. d. Pasar al otro lado del río.
4. Después del Congreso cada víbora salió a
   a. trepar los árboles. b. dar la voz de alarma. c. llevar la batalla al hombre. d. matar a alguien.

B. *Vocabulary*

Select the word in column B closest in meaning or related logically to each term in column A.

A	B
1. _____ jefe de una nación	a. suero
2. _____ plan de acción	b. cascabel
3. _____ boca	c. cueva
4. _____ techo	d. lucha
5. _____ tubos de ensayo	e. laboratorio
6. _____ guerra	f. presidente
7. _____ caverna	g. programa
8. _____ líquido que sirve para inmunizar	h. viga
9. _____ víbora	i. la Casa
10. _____ un instituto científico	j. lengua

Write sentences of your own using the following expressions.

1. al cabo de
2. haber que
3. al otro lado
4. a causa de
5. contar con

C. *Use of the Past Participle*

Remember that past participles used as adjectives agree in gender and number with the nouns they modify.   When used with the verb **estar,** they generally indicate the result of an action.

Give the past participle of each infinitive, making sure it agrees with the noun.

> EXAMPLE: serpiente / cazar
> **serpiente / cazada**

1. puertas / abrir
2. hombres / sentar
3. escalera / recostar
4. instituto / conocer
5. animales / inmunizar

6. animal / mencionar
7. tubos / romper
8. perros / morir
9. cabeza / inclinar
10. noticias / oír

Rewrite each sentence using the present tense of **estar** *and a past participle.*

> EXAMPLE: El hombre encierra la serpiente en una jaula.
> **La serpiente está encerrada en una jaula.**

1. El veneno inmuniza al caballo.
2. Los hombres se sientan alrededor de la mesa.
3. El empleado rompe los tubos de suero.
4. El hombre abre la puerta.
5. Las víboras se mueren de curiosidad.

D. *Use of the Imperfect*

Complete the following sentences with the correct form of the imperfect.

1. Poco después la cazadora (llegar) _____ a su destino.
2. La causa del peligro (ser) _____ el Instituto.
3. Allí (estar) _____ los hombres de la casa.
4. La serpiente (subir) _____ con mucho cuidado.
5. Nosotros (creer) _____ que no ibas a venir.
6. Ñacaniná (tener) _____ interés en destruir el Instituto.
7. ¡La familia de las serpientes (ir) _____ a morir!
8. Cada víbora (salir) _____ para dar la voz de alarma.
9. Ellas (trepar) _____ bien los árboles.

10. Tú (poder) _____ empezar casi en seguida.
11. (Ser) _____ las cuatro de la mañana.
12. (Ser) _____ la una de la mañana.

E. *Use of the Preterit*

Complete the following sentences with the correct form of the preterit.

1. La culebra (trepar) _____ por una escalera.
2. El primer hombre no (responder) _____ nada.
3. Me (parecer) _____ ver algo.
4. (Acabarse) _____ la paz en la selva.
5. El científico le (preguntar) _____ al empleado por los animales.
6. Ellos no (añadir) _____ nada interesante.
7. Su cuerpo (caer) _____ contra la pared.
8. Ella (oír) _____ muchas cosas curiosas.
9. El señor (proseguir) _____ hablando.
10. Todas (hablar) _____ a la vez.

F. *Use of Object Pronouns with Infinitives*

When used with infinitives, object pronouns may be attached to the infinitive or they may precede the conjugated verb.

EXAMPLE: ¿Quién **la va a buscar?**
¿Quién **va a buscarla?**

Rewrite the following sentences according to the model above.

1. Ñacaniná nos va a informar. 2. La serpiente se quiso retirar. 3. Así las puede matar. 4. Los Hombres del Instituto nos van a matar. 5. Las quieren cazar. 6. Piensan ponerlas en una jaula. 7. Para producir el suero les tienen que sacar el veneno a las víboras. 8. Les van a dar de comer. 9. No les querían hablar más. 10. Hay un perro que puede rastrearnos.

G. *Use of Prepositions*

Supply the correct preposition.

1. Ñacaniná trepó _____ un árbol. 2. Ellas eran la Muerte _____ sí mismas. 3. Puedo yo contar _____ (on you). 4. No podía ver _____ los hombres _____ el lugar _____ que se encontraba. 5. La escalera estaba recostada _____ la pared _____ el corredor. 6. El presidente había decidido la creación _____

un Instituto ____ la preparación ____ sueros ____ el veneno ____ las víboras.

VII–VIII

A. *Reading Comprehension*

Answer the following questions.

1. ¿A quién quería matar Cruzada? 2. ¿Por qué no pudo matar al director? 3. ¿Adónde la llevaron? 4. Según Cruzada, ¿qué come Anaconda? 5. ¿Qué plan de batalla hicieron las víboras? 6. ¿Dónde estaba Hamadrías cuando Cruzada llegó al laboratorio?

Select the word or phrase that best completes each statement according to the story.

1. Cruzada no pudo matar al perro porque
   a. no tenía más veneno. b. entró su dueño. c. estaba inmunizado.
   d. no pudo morderlo.
2. Hamadrías estaba harta del serpentario porque tenía que
   a. dar su veneno para la preparación de sueros.
   b. usar su fuerza contra las víboras americanas.
   c. morder a los empleados del laboratorio.
   d. comer extranjeras venenosas.
3. ¿Por qué Hamadrías mordió a Cruzada?
   a. La culebra de la India era traicionera.
   b. El cuerpo de Cruzada estaba muy cerca del tejido de alambre.
   c. La cobra tenía mucha hambre.
   d. La mordida era parte de su plan de batalla.
4. ¿Qué le pasó al director del Instituto?
   a. Cerró los ojos cuatro minutos.
   b. Murió de la mordida de la víbora.
   c. Estaba completamente inmunizado.
   d. Se puso una inyección de veneno.

B. *Vocabulary*

Select the word in column B closest in meaning or related logically to each term in column A.

A	B
1. ____ vena	a. colmillos
2. ____ perro	b. jaula

3. ____ cabeza	c. sangre
4. ____ bañarse	d. hocico
5. ____ boca	e. rastreador
6. ____ armazón de madera y tejido de alambre	f. agua
	g. batalla
7. ____ ojos	h. centímetros
8. ____ cerrar los ojos para siempre	i. lentes
9. ____ lucha	j. morir
10. ____ metros	

Translate the following sentences, paying particular attention to the words in italics.

1. Llegó al corredor y *se enrolló allí esperando*. 2. Inmediatamente Cruzada *cayó en guardia*. 3. El perro negro *estaba ladrando*. 4. *Tú me pareces* inteligente. 5. Cruzada, mordida tres veces en el cuerpo, *se arrastró* por la tierra. 6. *Al fin*, Cruzada abrió los ojos. 7. No estoy sino a *treinta metros*. 8. No llego *a tiempo*.

C. Adverbs

Remember that many adverbs are derived from the feminine form of the adjective plus the suffix **-mente**. Other adjectives, such as **fácil**, which have no feminine form, become adverbs with the addition of **-mente**.

Change the following adjectives into adverbs. Then use them in sentences of your own.

1. rápido	5. vivo	8. cortés
2. inmediato	6. justo	9. feliz
3. real	7. fijo	10. mutuo
4. lento		

D. Numbers

Write out the following numbers.

1. 21 veces	5. 1.000 perros	8. 2 minutos
2. 51 metros	6. 6 compañeras	9. 100 mesas
3. 30 centímetros	7. 150 hombres	10. 367 árboles
4. 500 tubos		

IX

A. *Reading Comprehension*

Select the word or phrase that best completes each statement according to the story.

1. ¿Por qué las víboras no querían a Anaconda?
   a. Porque era la reina de las serpientes.
   b. Porque había llegado tarde.
   c. Porque tenía la cabeza grande y los ojos vivos.
   d. Porque odiaba a las serpientes venenosas.
2. ¿Qué había prometido Cruzada?
   a. Venir al Congreso inmediatamente.
   b. Regresar en seguida.
   c. Estar presente lo más pronto posible.
   d. Llegar muy rápidamente.
3. ¿Por qué Ñacaniná quería esperar a Cruzada?
   a. Porque eran primas.
   b. Porque regresaba en seguida.
   c. Porque traía noticias importantes.
   d. Porque era enemiga de Lanceolada.
4. ¿Cuándo se cambió en terror la alegría de las víboras?
   a. Cuando Cruzada se enrolló al lado de Atroz.
   b. Cuando vieron la víbora que entraba con Cruzada.
   c. Cuando Coralina anunció la llegada de Cruzada.
   d. Cuando Ñacaniná peleó con Lanceolada.
5. ¿Quién quería dirigir el ataque contra los caballos?
   a. Ñacaniná. b. Anaconda. c. Hamadrías. d. Cruzada.
6. La vieja . . . entre serpientes y culebras parecía crecer más y más.
   a. compasión. b. atracción. c. amistad. d. hostilidad.
7. Ñacaniná quería eliminar al perro porque éste
   a. podía morderlas con los colmillos venenosos.
   b. podía inmunizar a todo el mundo contra las víboras.
   c. podía rastrearlas y estaba inmunizado.
   d. podía hacerse temer de todas.
8. El tono de la voz de Anaconda era
   a. irreal. b. irracional. c. irritado. d. irónico.
9. ¿Cómo estaba Hamadrías?
   a. fuerte. b. fuera de sí. c. afuera. d. alegre.
10. Durante la batalla contra los hombres las serpientes tenían que estar en . . . unas con otras.
    a. guerra. b. lucha. c. paz. d. hostilidad.

B. *Vocabulary*

Write the noun, verb, or adjective that is contained in each of the following words. There may be more than one word for each.

EXAMPLE: empleado
emplea

1. cazadoras
2. darse
3. cortésmente
4. hostilidad
5. extraordinaria
6. traicioneras
7. monstruoso
8. exclamaron
9. abrazo
10. naturalmente
11. venenosas
12. desconocida
13. preparar
14. recuerda
15. vivamente
16. adelante
17. admirar

C. *Use of the Present Tense*

Complete the following sentences with the correct form of the present tense.

1. ¿Qué (querer) _____ tú? 2. Nosotras (estar) _____ en congreso y todas (conocer) _____ sus leyes. 3. La boa (ser) _____ demasiado fuerte para odiar. 4. Las venenosas no (representar) _____ a la familia entera de las serpientes. 5. Yo no (saber) _____ nada. 6. Ella (volver) _____ a pedirle perdón. 7. ¡Ahí (venir) _____ Cruzada! 8. ¡Tú (ser) _____ Anaconda! 9. El tigre y los animales nobles (cazar) _____ utilizando la energía de sus músculos. 10. Esta extranjera nos (querer) _____ causar miedo con su capuchón.

D. *Use of the Imperfect and the Preterit*

Remember that the imperfect is used to emphasize indefinite duration of time and action in progress, while the preterit expresses completed actions or events. Also, the imperfect is descriptive, while the preterit reports events in the past, indicating their beginning or end.

Rewrite the following paragraph in the past tense, using the imperfect or the preterit as appropriate.

El Congreso *está* en sesión. *Es* una noche muy clara, y casi todas las serpientes *están* presentes. Sin embargo, *es* lamentable la ausencia de la yarará a quien no *han* podido hallar por ninguna parte. También *falta* Anaconda, pero las víboras no *parecen* querer darse cuenta de su ausencia. De pronto se *oye* un ruido y después un leve movimiento hacia la entrada de la caverna. Las serpientes se *enroscan* y *esperan*. Poco después *ven*

una cabeza de grandes ojos vivos. *Es* Anaconda que *viene* a participar en
la reunión.

Las serpientes *discuten* su plan de acción y *deciden* atacar el Instituto esa
noche. *Quieren* entrar en la caballeriza y destruir al caballo y a la mula
para así limitar las actividades de los hombres. Sin caballos los hombres
no *pueden* preparar el suero. Todas *están* seguras del plan de batalla.
Contentas se *van* a dormir y a esperar la hora del ataque.

X–XI

A. *Reading Comprehension*

Change the false statements to make them agree with the story.

1. La pelea entre los hombres y las víboras duró varias horas.
2. Los hombres llevaban lazos para cazar las víboras.
3. Las víboras se lanzaron al campo cuando vieron que la noche se acercaba.
4. Las serpientes habían salvado la vida de la mula y del caballo.
5. Los hombres se lanzaron al campo cuando vieron que amanecía.

*Select the word or phrase that best completes each statement according to
the story.*

1. Fragoso fue a la cabelleriza porque
   a. oyó un ruido.   b. lo mandaron.   c. necesitaba un farol.   d. sintió
   pasos rápidos.
2. La lucha entre los hombres y las serpientes quedó suspendida porque
   a. las víboras mordían furiosas.
   b. los empleados estaban rodeados de víboras.
   c. los animales estaban heridos.
   d. el farol se apagó.
3. El que dirige el ataque de los hombres es
   a. el hombre de los lentes negros.
   b. el viejo director.
   c. el nuevo director.
   d. el empleado del farol.
4. Daboy es
   a. un empleado.   b. una serpiente.   c. un perro.   d. un caballo.
5. —Debemos . . . , —gritó Ñacaniná, mientras corría.
   a. desbandarnos.   b. ir a la caverna.   c. destruirlos.   d. deslizarnos.
6. Ñacaniná sabía que para las víboras el plan de Hamadrías significaba un

nuevo . . . , porque ahora los animales estaban inmunizados.
a. éxito.   b. peligro.   c. veneno.   d. salvación.
7. Para un animal que se inmuniza el veneno es
a. indeseable.   b. inmunizable.   c. inseparable.   d. indispensable.
8. Para las serpientes la peor arma de los hombres era
a. el colmillo.   b. el machete.   c. el palo.   d. el lazo.
9. Inmediatamente después de luchar con la cobra real, Anaconda
a. fue llevada al Instituto.
b. se escapó por el río Paraná.
c. murió terriblemente envenenada.
d. organizó una rebelión histórica.

B. *Vocabulary*

Select the word in column B closest in meaning or related logically to each term in column A.

A	B
1. ____ caballeriza	a. luz
2. ____ noche	b. sol
3. ____ serpentario	c. Terrífica
4. ____ selva	d. caballo
5. ____ bota	e. oscuridad
6. ____ sin fuerza	f. venganza
7. ____ farol	g. víboras
8. ____ odio	h. pie
9. ____ día	i. salvaje
10. ____ mala	j. débil

Select the two words that are opposite in meaning in each of the following groups.

1. vida / sangre / muerte
2. buena / feliz / mala
3. ataque / guerra / paz
4. cazadoras / víboras / serpentario
5. noche / tarde / día

C. *Use of the Preterit and the Imperfect*

Study the following verbs in their original sentences in sections X and XI, and give the reason for the use of the imperfect or the preterit.

1. estaba   4. avanzaban   7. examinaron
2. eran   5. caían   8. lanzó
3. salió   6. andaba   9. logró

D. *Topics for Discussion*

Give your opinion in Spanish about the following topics.

1. Las serpientes venenosas. ¿Les tiene miedo? ¿Por qué? ¿Qué serpientes venenosas hay en esta región? ¿Ha visto alguna?
2. Anaconda. ¿Le gusta Anaconda? ¿Cómo es? ¿Qué tipo de serpiente es?

E. *Composition*

Write a paragraph describing the encounter between Anaconda and Hamadrías. Use some or all of the following words and expressions.

fuera de sí, hostilidad, se habían odiado mutuamente, lucha, colmillos, clavarse, sentirse ahogada, esfuerzo, morder, cuello, decidir, a su favor, cerrar los anillos, morir

F. *Review*

Review the grammar points covered in Part 2. Then complete each sentence in the passage with the correct form of the word in parentheses.

El hombre (caminar) ____ por entre los árboles cuando (sentir) ____ un fuerte dolor en la pierna izquierda. Acababa de (lo—morder) ____ una yarará que estaba (esconder) ____ debajo de unas hojas secas. Al (ver) ____ a su amo (herir) ____ por ese magnífico y raro animal de muerte, el perro (dar) ____ un ladrido feroz y se (lanzar) ____ con violencia (*use prep.*) ____ la víbora que se (preparar) ____ para (atacar) ____ de nuevo. La yarará movió (rápido) ____ la cabeza y (clavar) ____ los colmillos (envenenar) ____ en el hocico (*use prep.*) ____ el perro. Mientras los animales (luchar) ____ el hombre sacó (*use prep.*) ____ su camisa un suero (*use prep.*) ____ el veneno y se lo (inyectar) ____ en la vena. Un momento después, con el machete en la mano, partió en dos la peligrosa víbora. El perro (cansar) ____ a sus pies (mostrar) ____ ya síntomas de envenamiento. (Ser) ____ imposible (lo—salvar) ____. (Haber) ____ sido mordido tres veces. Al (ver) ____ a su fiel amigo casi (morir) ____ y (*use prep.*) ____ fuerzas, el hombre lo cargó (*use prep.*) ____ sus hombros y lo (llevar) ____ al Instituto. Ese podía haber sido su propio destino: (morir) ____ a causa (*use prep.*) ____ una yarará.

Part 3

Part 3 contains three stories: "Las montañas, los barcos y los ríos del cielo," "La joya del inca," and "Historia del hombre que se casó con una mujer muy brava."

"Las montañas, los barcos y los ríos del cielo" was adapted from the original by Germán Pinilla (1935), a Cuban writer who in 1967 was a finalist in the first literary competition "Concurso DAVID," sponsored by UNEAC (Unión de Escritores y Artistas de Cuba). This selection is part of *Polígafos*, a collection of science-fiction stories. "Las montañas . . ." gives a glimpse of the confused mind of a child who believes that he is in contact with extraterrestrial beings.

"La joya del inca" has been adapted from *Cuentos del Alto Perú*, edited by Willis Knapp Jones. The story deals with a mystery surrounding the painting of a beautiful Inca woman by a Peruvian artist.

"Historia del hombre que se casó con una mujer brava" was adapted from *El conde Lucanor* by Don Juan Manuel (1282–1348), the most famous book of brief narratives of the Middle Ages. Written in the tradition of the *exemplum* (story that teaches a lesson), this selection is a delightful account of the taming of a shrewish wife. The story was told in the Middle Ages for the instruction of young men who might be considering marriage to quick-tempered women. If you are familiar with the plot of Shakespeare's *The Taming of the Shrew* or of *Kiss Me Kate*, you will probably notice their similarity to this tale.

The three selections in this part are more difficult than the previous ones. All three stories have been carefully edited without significantly altering their original structure and meaning. To make learning easier, each new word and idiomatic expression has been repeated at least twice in the text and in the exercises. New vocabulary words appear as footnotes at the bottom of each page where they first occur.

STUDY AIDS

The following suggestions will help you in your reading of the selections:

1. Glance over the vocabulary exercises before reading the story.
2. Be sure to review the use of **iba a** + *infinitive*; the formation of diminutives; the reflexive construction; the present participle; and the progressive tense before reading "Las montañas, los barcos y los ríos de cielo."

   Review affirmative and negative words; formal commands; and demonstratives before reading "La joya del inca."

   Also review informal commands; reflexives; infinitives; and the use of **lo que** before reading "Historia del hombre que se casó con una mujer muy brava."
3. If you have problems, read the story a second time with the aid of the footnotes when necessary. Close the book and try to recall the main ideas in each short story.

LAS MONTAÑAS, LOS BARCOS Y LOS RIOS DEL CIELO[1]

GERMÁN PINILLA

Me llamo Juan, tengo once años y soy huérfano de padre. Todos mis amigos tienen padre y madre, pero yo soy el único huérfano del barrio. Hay un muchacho que hace poco se le murió un tío; pero un tío no es igual que el padre de uno.

5 Mi madre es muy buena conmigo y sé que me quiere mucho. Siempre cree todo lo que le digo y nunca me regaña.[2] Cuando le conté lo del barco que volaba,[3] me dijo que lo quería ver también y que la próxima vez quería salir para poder mirarlo conmigo. Mi padre se puso bravo cuando ella me dijo esto y se puso a pelear[4]

10 diciendo que no debía escuchar mis boberías,[5] porque me iba a convertir en un mentiroso.[6] Lo que pasa es que la gente, cuando crece, deja[7] de ver ciertas cosas. Claro que ése no es el caso de mi mamá. A veces, cuando mi padre se quedaba[8] hasta tarde en el trabajo, nos sentábamos en el portal[9] y mirábamos las estrellas.[10]

15 Entonces mi madre me contaba cosas del cielo y los planetas y de como si uno dibuja[11] unas rayitas[12] de unas estrellas a otras, se forman las constelaciones, que son como el cuerpo de una figura. Yo nunca me acuerdo de los nombres que tienen las figuras, pero sí sé que algunas son como barcos y otras como montañas, y hasta hay

20 una que se parece a un río. A veces pasábamos largo rato[13] mirando estas cosas, pero cuando llegaba mi padre, mamá me dejaba solo y se iba a prepararle la comida, y entonces no veía ni las montañas, ni los barcos, ni nada.

Mi madre y yo no queríamos compartir[14] estos momentos con

25 papá. Era nuestro secreto. Pero el día que vi el barco volando no pude aguantarme[15] y fui a decírselo, sin darme cuenta de que papá

---

[1]**Las montañas, los barcos y los ríos del cielo** The mountains, the ships, and the rivers of the sky [2]**regañar** to scold [3]**volar** to fly [4]**pelear** to argue, fight [5]**boberías** foolishness, nonsense [6]**mentiroso** (-a) liar; **mentira** lie [7]**dejar** to stop, cease, fail to [8]**quedarse** to stay [9]**portal** porch [10]**estrella** star [11]**dibujar** to draw [12]**raya** line; **rayita** small line [13]**largo rato** a long time [14]**compartir** to share [15]**no pude aguantarme** I could resist no longer

67

estaba ahí.   Entonces fue que empezaron a pelear y mamá hasta
lloró por su culpa. [16]   Cuando vi que ella estaba llorando, le di una
patada; pero él, en vez de pegarme, [17] nada más que me miró y se
fue a su cuarto.   Esa noche, cuando me acosté, mamá me dijo que
5 lo que yo había hecho era muy malo y que mi padre estaba muy
triste.   Pero yo sabía que era mentira y que mi padre quería
engañarla. [18]

Durante unos días me dejaron [19] hacer todo lo que quería.
Hasta correr sin zapatos por el patio.   Yo sabía que tenían algún
10 plan porque un día los oí hablando en la cocina de que iban a
mandarme por un tiempo a casa de mi tía, en Camagüey. [20]   Mi
padre decía que era por mi bien, que allá podía jugar con mis
primos.   Pero es que él estaba celoso, [21] porque sabía que mamá
me quería más que a él.

15   Tenía que hacer algo para no separarme de mi madre.   Me
senté a pensar debajo de la mata de mamoncillo [22] que está en el
patio.   Fue en eso cuando vi la bola. [23]

No sé cómo llegó, pues nunca la había visto hasta ese momento.
Era como de cristal y brillaba mucho y se movía a gran velocidad.
20 Rodaba [24] de un lugar a otro del patio, como buscando algo, y poco
a poco se fue acercando al lugar donde yo estaba.   Sin hacer ruido
me levanté y corrí hacia el garaje.   Sabía que papá tenía un jamo [25]
allí guardado para cuando iba a pescar. [26]   Con el jamo podía cazar la
bola.   No me fue muy difícil hacerlo.

25   Cuando regresé al patio lo hice muy despacito [27] para no asus-
tarla. [28]   Pude ver entonces que la bola también estaba cazando.
En el tronco [29] del mamoncillo había una lagartija [30] con la cabeza
para abajo.   La bola se le acercaba brillando [31] cada vez más y la
lagartija movía el cuello, [32] pero no huía. [33]   No sé qué tiempo
30 estuve mirando; lo único que recuerdo es que de pronto la lagartija
desapareció y la bola se quedó quietecita, [34] poniédose más grande

---

[16]**por su culpa** because of him   [17]**pegar** to beat   [18]**engañar** to deceive   [19]**dejar**
to allow, permit   [20]**Camagüey** *city in Cuba*   [21]**celoso (-a)** jealous   [22]**mata de
mamoncillo** honey-berry tree   [23]**bola** ball   [24]**rodar** to roll   [25]**jamo** net
[26]**pescar** to fish   [27]**despacito** slowly, silently   [28]**asustar** to scare   [29]**tronco** trunk
of a tree   [30]**lagartija** small lizard   [31]**brillar** to shine, gleam   [32]**cuello** neck
[33]**huir** to flee   [34]**quietecita** very quiet, still

y más chiquita. Estaba masticando,[35] y hasta podía oír cómo partía los huesitos[36] de la lagartija.

Cuando le eché el jamo por poco me lo arranca[37] de la mano, pero la aguanté[38] bien duro y al poco rato dejó de brincar[39] y de
5 moverse. Al fin pude darle vuelta y la bola quedó en el fondo del jamo. Su luz subía y bajaba, y por eso me di cuenta de que estaba muy cansada. Así que aproveché[40] y corrí hasta la casa para esconderla. [41]

Mi casa es una casa antigua que tiene un desván[42] al que se sube
10 por una escalerita de mano[43] desde al segundo piso. Allí es donde se guardan[44] las cosas viejas, y algunas veces, cuando mi padre estaba en la casa, yo me metía allí a jugar. Llevé la bola al desván y la puse en una caja vieja de zapatos, echándole primero un poco de algodón[45] y algunos trapos[46] para ponerla cómoda. [47] Como no
15 sabía si tenía hambre todavía, bajé al patio y cogí dos o tres lagartijas. Cuando se las eché[48] en la caja desaparecieron de la misma forma que la que ella había cazado. Entonces sentí una cosa muy rara[49] dentro de la cabeza. Parecía que me hablaban, aunque no oía nada. Pensé que me llamaban y bajé, pero mi padre y mi
20 madre estaban conversando en la cocina y cuando entré se callaron. [50] Mi madre se me acercó y me abrazó, preguntándome si no me aburría solo en la casa. Yo le dije que no y por poco le cuento lo de la bola, pero me aguanté porque papá estaba ahí y a lo mejor me la botaba. [51]
25 —¿Quieres ir a casa de tu tía por unos días? —me preguntó papá.

—No quiero ir a ningún lado. Estoy bien aquí.

Mamá me dijo que allí podía jugar con mis primos y montar a caballo[52] y bañarme en el río. Le pregunté que si ella iba a ir
30 conmigo y me contestó que ella tenía que quedarse para cuidar a papá.

---

[35]**masticar** to chew [36]**hueso** bone [37]**arrancar** to wrest [38]**aguantar** to hold
[39]**brincar** to jump [40]**aprovechar** to take advantage of [41]**esconder** to hide
[42]**desván** attic [43]**escalera de mano** portable ladder [44]**guardar** to put away,
keep [45]**algodón** cotton [46]**trapo** rag [47]**ponerla cómoda** to make it comfortable
[48]**echar** to throw [49]**rara** weird, odd [50]**callarse** to stop talking [51]**botar** to
throw away [52]**montar a caballo** to go horseback riding

—Entonces no voy—le dije a mi padre.

—Tienes que ir porque tu madre y yo nos vamos de viaje.

Miré a mamá y me di cuenta que era verdad.   Papá se la llevaba y quería quitarme de en medio.[53]   Salí corriendo de la cocina y subí
5 al desván.   Tenía que hacer algo.   Quería robarse[54] a mi madre.

Cuando entré al desván lo primero que hice fue buscar la bola. No estaba en la caja de zapatos y pensé que se había escapado, pero entonces la vi en un rincón.[55]   Había crecido hasta casi el doble del tamaño que tenía cuando la dejé y me asusté un poco.
10 Iba a salir corriendo cuando sentí lo mismo que un rato antes. Una cosa muy rare dentro de la cabeza.   No sé por qué pensé que aquello tenía que ver[56] con la bola.   Me acerqué a ella y me di cuenta de que me hablaba.   No con palabras, sino con aquello que sentía dentro de la cabeza.   Me dio las gracias por las lagartijas y
15 me dijo que cuando la encontré estaba a punto de morirse de hambre,[57] porque ya casi no le quedaban fuerzas[58] para cazar. Venía desde muy lejos y se había perdido.   No venía sola, pero sus compañeras habían muerto al llegar y ahora no sabía qué hacer. Le dije que si quería se podía quedar.   Prometí traerle lagartijas y
20 jugar con ella.

Sentí una gran sensación de agradecimiento[59] y de cariño de parte de aquella cosa y casi me olvidé de lo que había dicho papá. De pronto me acordé.   ¿Qué iba a hacer la bola durante mi ausencia?   Pensé que a lo mejor no volvía nunca y entonces no iba a ver
25 más a mi madre ni a mi bola.   Ella pareció darse cuenta.   Comenzó a brillar y a brillar que parecía que iba a estallar.[60]   Sentí la pregunta: "¿Por qué iban a mandarme lejos?"   Era la primera vez que tenía alguien a quien contarle mis problemas.   Le dije cómo mi padre quería robarme a mi madre y cómo nunca creía nada de
30 lo que yo decía.   Ahora quería mandarme a casa de mi tía y entonces no íbamos a poder jugar juntos, ni yo le iba a poder traer lagartijas.

---

[53]**quitar de en medio (a uno)** to get rid of (someone), get (someone) out of the way [54]**robar** to steal [55]**rincón** inside corner [56]**tener que ver** to have to do with [57]**a punto de morirse de hambre** on the point or verge of dying from hunger [58]**fuerzas** strength [59]**agradecimiento** gratitude; **agradecer** to thank, to show gratitude [60]**estallar** to explode, burst

La bola pareció crecer más y más. Sentía dentro de mí el odio que crecía en la bola hacia mi padre. "Mátalo, mátalo," decía la bola dentro de mi cabeza. Parecía querer romperlo[61] todo. Se revolvía[62] en el rincón y destrozaba,[63] nada más que de tocarlos, los
5 trapos y palos viejos que estaban a su alrededor. "Mátalo, mátalo," repetía. En esto oí que me llamaban. Le dije a la bola que iba a volver más tarde, y bajé corriendo a la cocina, quitando antes la escalera que sube al desván.

Papá y mamá me esperaban muy sonrientes.[64]
10 —Queremos llevarte con nosotros en el viaje —dijo papá.

Yo sabía que aquello era un truco[65] para tranquilizarme.

Seguramente íbamos a ir los tres a Camagüey, pero una vez allí me iban a dejar en casa de mi tía y ellos se iban a escapar a otro lugar difícil de encontrar. Pensé que era mejor seguirles la co-
15 rriente.[66] Miré a mamá y la vi muy sonriente. Comprendí que papá la había engañado por completo.

—¿Puedo llevar mi bola?— pregunté a papá.

—No te hará falta. Tus primos tienen toda clase de juguetes.

—Mi bola no es un juguete. Está viva.
20 Mis padres se miraron y mamá bajó la cabeza, dejando de sonreir.

—Ya estás otra vez con tus mentiras —gritó papá.

—No es mentira —dije llorando. —La encontré en el patio y le di lagartijas y si me mandas para Camagüey te va a matar.
25 Cuando mamá oyó esto se levantó y le dijo a papá que me había puesto nervioso y que era mejor dejarme tranquilo,[67] que a lo mejor había encontrado cualquier cosa en el patio y que ya se me iba a pasar. Papá dijo que sí, que a lo mejor era una tarántula o una cascabel, pero parecía más calmado.
30 —Está bien, puedes llevar tu bola —dijo.

Yo no podía creerlo. Mi padre sonreía y mamá estaba de lo más contenta.

—Ven a verla. La tengo en el desván.

Papá no se decidía, pero mamá le sonrió y le habló bajito.[68]

---

[61]**romper** to break   [62]**revolver** to turn over   [63]**destrozar** to destroy, break into pieces   [64]**sonriente** smiling   [65]**truco** trick   [66]**seguir la corriente** to go along with   [67]**dejar tranquilo (-a)** to leave alone   [68]**hablar bajito** to speak softly

—Bueno, vamos.

Subí corriendo la escaleras y esperé a papá en el segundo piso.[69] Cuando lo vi venir y le miré la cara, me di cuenta de que me había engañado otra vez.   No creía en mi bola ni en nada.   Lo estaba
5 haciendo nada más que para engañar a mamá.

—Tú no crees en mi bola, ¿verdad?

—Sí, hijo, sí.   De verdad.

"Bola, bola", pensaba yo, "no me cree, me ha engañado".

—¿Aquí? —preguntó, siguiendo la corriente.
10 —No, en el desván.   Sube —le dije,— allí está la escalera.

La apoyó contra la pared y subió.   Yo lo seguí.   Cuando entró en el desván cerré la trampa que servía de puerta[70] y quité[71] la escalera, quedándome abajo.   Oí cuando me llamaba, pero no contesté.   Y entonces sentí a mi bola.   Y a mi padre gritando, pero
15 los gritos no se oían abajo.   De pronto supe que todo había terminado.[72]   Ya no me iba a ir a Camagüey ni mi padre se iba a llevar a mi madre.   Bajé a la cocina y la encontré preparando la comida. Me preguntó por papá y le dije que en seguida venía.   Le pedí ir al portal para mirar las estrellas.
20   Salimos y nos sentamos en el portal como hacíamos siempre y entonces me enseñó las montañas y los barcos y los ríos que hay en el cielo.

—Mami —le dije,— mañana te voy a enseñar mi bola.   Te va a gustar mucho.
25   Me abrazó, me dio un beso y me quedé dormido.

EXERCISES

A. *Reading Comprehension*

Change the statements that are incorrect to make them agree with the story.

1. El padre de Juan nunca lo regañaba.
2. Cuando la gente crece no puede ver muchas cosas.

---

[69]**piso** floor   [70]**trampa que servía de puerta** trapdoor   [71]**quitar** to remove
[72]**terminar** to end, finish

3. Juan quería compartir sus secretos con su padre.
4. Cuando vio que su padre lloraba, le dio una patada a su madre.
5. Sus padres querían mandarlo por un tiempo a casa de su tía.

Select the word or phrase that best completes each statement according to the story.

1. Juan vio la bola por primera vez cuando
   a. estaba hablando con su mamá.
   b. estaba sentado debajo de la mata de mamoncillo.
   c. estaba cazando lagartijas.
2. Juan se sentó a . . . debajo de la mata de mamoncillo.
   a. cazar. b. brillar. c. pensar.
3. Juan se dio cuenta que la bola estaba muy cansada porque
   a. se quedó quietecita.
   b. se ponía más grande y más chiquita.
   c. su luz subía y bajaba.
4. Cuando su padre estaba en casa, algunas veces Juan jugaba en
   a. el desván. b. el segundo piso. c. el portal.
5. Juan cree que su padre
   a. quiere robarse a su madre y quitarlo de en medio.
   b. quiere robarse la bola y quitarla de en medio.
   c. quiere robarse la bola y quitarlo de en medio.
6. ¿Qué le promete el niño a la bola?
   a. jugar con ella y traerle a su padre.
   b. traerle lagartijas y jugar con su padre.
   c. jugar con ella y traerle lagartijas.
7. ¿Qué hizo Juan cuando su padre entró en el desván?
   a. quitó la escalera y llamó a la bola.
   b. cerró la puerta y lo mató.
   c. cerró la puerta y quitó la escalera.

The following paragraph contains four new words that are not included in the reading selection. Figure out the English equivalents of the italicized words by studying the context in which they are used.

La *pelota* se *infló* más y más.   Ahora estaba muy grande y dentro de mí *capté* el terrible *rencor* que sentía la pelota hacia mi padre. "Mátalo," decía la pelota dentro de mi cabeza.   Su rencor crecía más y más y su tamaño era más y más grande.   La inmensa pelota se revolvía en el rincón y destrozaba todo a su alrededor.   "Mátalo, mátalo," repetía llena de rencor mientras se inflaba más y más y parecía que iba a estallar.

B. Vocabulary

Select the word or expression in column B closest in meaning or related logically to each term in column A.

A	B
1. ____ huérfano	a. oír
2. ____ árbol	b. cielo
3. ____ escuchar	c. líneas pequeñas
4. ____ masticar	d. sin hacer ruido
5. ____ estrellas	e. tronco
6. ____ brincar	f. hijo de mi tía
7. ____ rayitas	g. sin padres
8. ____ primo	h. triturar los alimentos con la boca
9. ____ silenciosamente	i. hablar
10. ____ lagartija	j. reptil
11. ____ portal	k. saltar
12. ____ conversar	l. frente de la casa

Select the letter corresponding to the most logical completion for each sentence.

1. ____ El hermano de mi madre es
   a. mi papá. b. mi primo. c. mi abuelo. d. mi tío.

2. ____ La persona que no dice la verdad es
   a. una bobaría. b. un mentiroso. c. una gente. d. una constelación.

3. ____ El jamo se usa para
   a. jugar. b. pescar. c. brillar. d. pensar.

4. ____ Un grupo de estrellas que forman una figura es
   a. un planeta. b. un cielo. c. una constelación. d. un cuerpo.

5. ____ La parte más . . . de algunas casas es el desván.
   a. baja. b. grande. c. alta. d. pequeña.

Write sentences of your own, using the following expressions.

1. darse cuenta
2. por su culpa
3. ponerse cómodo
4. callarse
5. quitar de en medio
6. tener que ver
7. a punto de morir de hambre
8. seguir la corriente
9. dejar tranquilo (-a)
10. quedarse

Select the word or expression in column B opposite in meaning to each term in column A.

A	B
1. ___ mentir	a. vivo
2. ___ muerto	b. malo
3. ___ dormido	c. decir la verdad
4. ___ alto	d. bajito
5. ___ bueno	e. despierto
6. ___ odio	f. difícil
7. ___ fácil	g. amor
8. ___ contento	h. triste

C. *Use of* **iba a** + infinitive

The verb construction **iba a** + *infinitive* refers to a projected or possible action in a future time as viewed from a moment in the past.

Rewrite the following sentences using **iba a** + infinitive.

EXAMPLE: Mi primo dijo que *venía* hoy.
Mi primo dijo que iba a venir hoy.

1. Mi padre pensaba que *era* un mentiroso.
2. Yo creía que *podíamos* jugar juntos.
3. Le dije a la bola que *volvía* más tarde.
4. Pensé que a lo mejor no *veía* más a mi madre.
5. Ellos me *dejaban* en casa de mi tía.

D. *Diminutives*

The use of diminutives is quite common throughout the Spanish-speaking world, especially in Spanish America. Diminutives indicate (1) a reduction of size, (2) a young or small person, or (3) friendliness or affection. The most commonly used diminutive suffix in Spanish America is **-ito, -ita.**

Write the diminutive of each of the following words.

EXAMPLE: raya / ray**ita**
animal / animal**ito**

1. hueso	5. mamá
2. escalera	6. bajo
3. chica	7. cristal
4. árbol	8. despacio

E. *The Reflexive Construction*

Reflexive verbs are conjugated with the reflexive pronouns (**me, te, se, nos,** and **se**). The reflexive pronouns precede the conjugated form of the verb, but follow and are attached to an infinitive.

Complete the following sentences with the appropriate form of the reflexive. Use the imperfect tense.

1. Yo (llamarse) _____ Juan.
2. Mi padre (ponerse) _____ bravo cuando le pedía el jamo.
3. Mi madre (quedarse) _____ hasta tarde preparando la comida.
4. Yo nunca (acordarse) _____ de los nombres de las constelaciones.
5. Mis primos (bañarse) _____ en el río.
6. Mi tía (aburrirse) _____ sola en casa.
7. Ellos (acercarse) _____ a la bola sin hacer ruido.
8. Cuando estaba muy cansado (quedarse) _____ dormido en el desván.
9. La bola roja (revolverse) _____ en un rincón.

F. *The Present Participle*

The present participle (-*ing* form in English) of most Spanish verbs is formed by adding **-ando** to the stem of the infinitive of **-ar** verbs and **-iendo** to the stem of **-ir** and **-er** verbs.

Give the present participle of the following verbs.

1. preguntar	6. correr
2. mirar	7. gritar
3. volar	8. vivir
4. llorar	9. subir
5. poner	10. pelear

A conjugated form of **estar** may be combined with the present participle to form the progressive tense.

EXAMPLE: El niño miraba las constelaciones.
El niño estaba mirando las constelaciones.

Change the following sentences to the progressive tense.

1. La madre lloraba.
2. La bola cazaba lagartijas.
3. Los padres de Juan conversaban en la cocina.
4. Él lo hacía para engañar a mamá.
5. Mis primos gritaban mucho.

G. *Topics for Discussion*

Discuss the following topics in Spanish.

1. La actitud de Juan hacia su padre no es normal.   ¿En qué momentos del cuento podemos notar su rencor hacia su padre?
2. ¿Cree Ud. que Juan está loco?   ¿Necesita tal vez la ayuda de un siquiatra?
3. ¿Cuáles son los elementos irreales más importantes del cuento?   ¿Ha visto Ud. alguna vez objetos extraterrestres?   ¿Cree que existen los platillos voladores?
4. No debe haber secretos entre padres e hijos.   ¿Cree Ud. que parte del problema de Juan se debe a que no quiere compartir sus secretos con su padre?

H. *Composition*

Write a paragraph using some or all of the following words and expressions.

huérfano, querer, compartir, momentos, padres, poder aguantarse, contar, bolar, brillar, triturar alimentos, boca, cazar, jamo, estrellas, constelaciones, líneas pequeñas, esconder, desván, inflarse

LA JOYA DEL INCA

Al entrar en su estudio, el artista peruano Armando Donoso se encontraba muy inquieto.   Se quitó el sombrero y el saco, pero no empezó a trabajar.   Parecía que tenía miedo de quitar la tela[1] que cubría el cuadro.[2]   Al fin quitó la tela y miró el cuadro.   Lo que
5 descubrió lo dejó muy sorprendido.   Observó el cuadro otra vez con gran sorpresa.   —¡Qué veo! —exclamó.

El cuadro era una joven de cuerpo entero,[3] de ojos llenos de sueño.   Parecía una persona viva que acababa de despertar.   Un detalle le llamó la atención al artista: la señorita llevaba alrededor
10 del cuello[4] una cadena de plata[5] con una piedra[6] de color verde.

Donoso volvió a mirarla.   Al fin, tocó[7] el cuadro.   Estaba seco.[8]

—¡Cosa más rara! —se dijo el artista peruano.   —No estaba así ayer.— Dio algunos pasos por el estudio.   Se detuvo y se acercó otra vez al cuadro y examinó la cadena y la piedra con mucha
15 atención.   Pudo ver que eran como las de los incas.

—¡Rojas debe ver esto! —exclamó.— Pero, ¿cómo ha aparecido aquí?   Estoy seguro que yo nunca la pinté.[9]

Tomó su pincel[10] para firmar[11] el cuadro, y otra vez se detuvo mirándolo.   —¿Debo firmar lo que no pinté? —murmuró.
20 Pero al fin firmó su nombre, puso el año y lavó el pincel.   Luego empezó a preparar una caja para mandar el cuadro a la exhibición de Bellas Artes[12] en Santiago de Chile.   Puesto que iba a empezar dentro de pocos días, Donoso no tenía mucho tiempo.

Media hora más tarde fue interrumpido por la llegada de su
25 amigo Rojas, director del museo de Lima.

—¿Cómo te va,[13] amigo Donoso?   Siento no poder jugar al tenis contigo hoy.   El doctor Carrera llegó esta mañana con muchas cajas de su exploración en los Andes y yo tengo que ayudarle todo el día.

---

[1]**tela** cloth [2]**cuadro** picture [3]**de cuerpo entero** full-length [4]**alrededor del cuello** around her neck [5]**cadena de plata** silver chain [6]**piedra** stone [7]**tocar** to touch [8]**seco** dry [9]**pintar** to paint [10]**pincel** brush [11]**firmar** to sign [12]**bellas artes** fine arts [13]**¿Cómo te va?** How are you?

78

En aquel momento vio el cuadro.

—¡Hombre, qué hermosa es la figura!   ¿Quién es?

—No sé —confesó Donoso.

—¿Cómo que no sabes?

5 —¡Palabra!¹⁴

—Pero ¿tu modelo? ¿Quién fue tu modelo?

—No tuve modelo.

Al ver la cara de su amigo, Donoso trató de explicar:

—Hace un año que yo veo a esta mujer en mi imaginación. No
10 tuve más remedio que pintarla.

Rojas se acercó al cuadro.   Lo miró un momento.

—Por lo visto,¹⁵ es la mujer de tus ensueños, pero ¿qué es esto?
—añadió señalando la cadena y la joya.¹⁶   —Cosas de los incas,
¿no?   ¿Tienes interés por esas cosas?

15 —No.   Tengo más interés en los vivos que en los muertos.   No
sé nada de los incas con excepción de lo que he visto en tu museo.

—Pero, ¿dónde obtuviste los detalles de esta joya?   La piedra es
muy buena, excepto por el color.   Los incas nunca tuvieron piedras tan verdes.   Esa es china¹⁷ en vez de peruana.   Por lo demás
20 . . .   ¿En dónde la viste?

—No sé.   Estaba aquí esta mañana cuando llegué.   Yo no la
pinté.

—¡Cómo no!¹⁸   ¡Tal vez la criada la pintó en la noche!

Los labios del director del museo mostraron su sarcasmo.

25 —No, es la pura verdad.   Ayer no pude terminar el cuello,
hasta que al fin abandoné el trabajo y me fui a casa, y esta mañana . . .

Señaló dramáticamente la cadena.

—Lo creo.   Claro que lo creo— respondió Rojas.   —¿Quieres
30 decirme otro cuento fantástico?

—Pero es verdad, te digo.   Y no es la primera vez.   En otra
ocasión encontré dificultades para pintar uno de los ojos y a la
mañana siguiente¹⁹ alguien lo había pintado.   Esta mano también
es trabajo de no sé quién.

---

¹⁴¡palabra! on my word of honor!   ¹⁵por lo visto apparently   ¹⁶joya jewel, gem
¹⁷chino (-a) Chinese   ¹⁸¡cómo no! of course! naturally!   ¹⁹a la mañana siguiente
the next morning

—¿Seguimos con las *Mil y una noches*?[20]

—Parece un cuento fantástico, como dices.   No lo puedo explicar.   Traté de descubrir el misterio.   Dormí en mi estudio varias noches, pero no vi ni oí nada.   Una noche me desperté.

5 Me pareció que el aire tenía un olor especial, muy penetrante,[21] que me pesaba[22] mucho.   Aunque ningún ruido rompió el silencio, yo estaba seguro de que algo raro ocurría.   Me quedé quieto durante un momento.   Por último me levanté y encendí[23] la luz. Alguien había terminado la mano que yo había empezado.   Es

10 todo cuanto te puedo decir.   Comprendo que esto no explica nada, pero es la verdad.

—Armando, tú estás algo mal de la cabeza.   Necesitas olvidar todo esto.   Vamos inmediatamente a jugar al tenis.   Las cajas del profesor Carrera pueden esperar hasta la tarde.

15 —No puedo, amigo.   Tengo que preparar mi cuadro para la exhibición.   Debe salir mañana para Chile.   Cualquier otro día . . .

—Bien, bien, pero de todos modos, te invito a comer conmigo esta noche.

—Tengo mucho que hacer, pero . . .

20 —Y durante la comida puedes darme más detalles para probar tu cuento —dijo Rojas al salir.

Durante mucho tiempo el artista miró el cuadro.   Luego volvió a mirar la paleta.[24]   Después corrió a llamar a su amigo, pero Rojas ya había salido.   Donoso quería mostrarle que entre todos los

25 colores de la paleta, no había nada de ese color verde tan peculiar de la joya.   Pero no se detuvo mucho en su observación.   Recordó la exhibición y empezó a preparar el cuadro.

Una hora más tarde alguien llamó a la puerta.   Era un empleado del museo con una carta de Rojas.

30 Amigo Donoso:

¿Puedes venir en seguida al museo y traer tu cuadro?   El empleado puede ayudarte.   He encontrado algo que te debe interesar mucho.

MIGUEL ROJAS

---

[20]**Mil y una noches** *Arabian Nights*   [21]**penetrante** penetrating   [22]**pesar** to weigh (upon)   [23]**encender** to light   [24]**paleta** palette

Donoso iba a escribir a su amigo que no tenía tiempo, pero al
volver a leer la carta, sintió mucha curiosidad.

—Bien —dijo al empleado. —Llévelo. Pero tenga mucho
cuidado ¿eh?

5   En la calle llamó un coche y cinco minutos más tarde estaba en
el museo. Allá Rojas lo esperaba.

—¿Quieres saber lo que encontré en la primera caja del profesor
Carrera? Pues, una joya como la que pintaste. Por eso, quería
comparar las dos. ¿Quieres llevar tu cuadro al depósito?[25]

10   En el depósito había muchas cajas. El director señaló una que
estaba abierta sobre una mesita.

—Fue la primera caja que abrí —volvió a decir Rojas. —Contenía varias cosas de un sepulcro de los incas que el doctor
Carrera descubrió y ¡esto es lo que encontré!

15   Era una cadena de plata con una piedra preciosa que se parecía a
la del cuadro. Cuando Donoso las comparó, encontró que eran
idénticas.

—Ahora ¡qué me vas a decir de mi "cuento fantástico"? —le
preguntó a Rojas.

20   —No digo nada. Pero ¡un momento! Voy a llamar al profesor
Carrera.

Rojas salió en dirección de su oficina.

Mientras se quedó solo, Donoso volvió a examinar la piedra del
sepulcro de los incas. Tenía el mismo color que la del cuadro. En
25 este momento sintió algo raro. Era . . . Sí, era el olor penetrante
que había llenado su estudio cuando casi descubrió el misterio del
cuadro. La atmósfera del museo le pesaba mucho. El artista
cerró los ojos. Tenía mucho sueño.

De pronto oyó voces detrás de él. Había una mujer y un
30 hombre que llevaban trajes raros, tales como las figuras en los
muros[26] del museo. El hombre llevaba un traje largo y en la
cabeza tenía cuatro plumas.[27] Además, alrededor de las piernas,
inmediatamente debajo de las rodillas,[28] colgaba otro grupo de
plumas en forma de círculo. En los pies llevaba unas sandalias.

35   Pero cuando la mujer se volvió, Donoso ya no tenía interés en el
hombre. ¡Era ella, el modelo de su cuadro! ¡Era la mujer de sus

---

[25]**depósito** storeroom [26]**muro** wall [27]**pluma** feather [28]**rodilla** knee

ensueños! Llevaba un traje rojo, y de los hombros le caía un pedazo de tela blanca y transparente.   Para adornar el pelo, llevaba otro pedazo amarillo alrededor de la cabeza.   Mientras los dos hablaban, ella observó el cuadro.   Donoso vio
5 como la mujer le mostraba al hombre la figura, pero el artista no comprendió sus palabras.   No hablaban español.   La mujer se puso furiosa.   Parecía querer limpiar el cuadro.   El hombre no quería hacerlo, pero al fin movió la cabeza, y fue hacia una de las cajas del profesor Carrera.   Sacó un pincel y una tableta[29] de color,
10 de ese color verde de la piedra en el cuadro.   Se acercó al cuadro de Donoso.
    —¡No, no!
    Donoso trató de gritar más, pero le pareció que una mano fría lo callaba.   No podía hablar ni moverse.   El mundo se puso negro.
15 Perdió el sentido.[30]   Y cayó al suelo.

    —¿Qué te pasó, Donoso? ¿Estás malo?
    El artista peruano abrió los ojos.   Vio que su cuadro se había caído al suelo invertido.   Pero tenía más interés en la mujer y su compañero.   ¿Dónde estaban?   Miró por todo el depósito.   Se
20 habían ido.   Él y Rojas estaban solos en el depósito.
    —Tal vez es este olor —continuó Rojas.   —Me dice Carrera que es algo que usaban los incas para preservar a los muertos en el sepulcro.   Pero parece muy fuerte aquí ahora.
    —No sé lo que es ni lo que me pasó —exclamó Donoso.
25   —Pero sé quién me ayudó con este cuadro.   Sus pinceles y sus colores están en aquella caja.
    —¿Qué me dices, hombre?
    Rojas trató de detener al artista, pero Donoso se acercó a la caja y la abrió.   La primera cosa que vio fue un grupo de tabletas de
30 color y unos pelos que servían de pincel.   El color de una de las tabletas era idéntico al del cuadro, aquel color que no existía en la paleta de Donoso.   Rojas los examiné con atención.
    —¿Cómo sabías lo que contenía esa caja? —preguntó.   —No comprendo.   No comprendo nada de este misterio.   Además, es la
35 primera vez que veo utensilios de artista entre lo que los incas han

---

[29]**tableta** tablet, cake (of paint)   [30]**perder el sentido** to lose consciousness

dejado en sus sepulcros.   No tenemos ningún cuadro hecho por los incas.   Pero si quieres decirme que tú y un artista inca pintaron ése, no tengo nada qué decir.   Ya he visto demasiadas cosas raras. De todos modos, los dos pintan bien.   A ver cuanto se parece al
5   original.

Rojas levantó el cuadro.   Se puso pálido.   Dejándolo caer otra vez, exclamó:

—¡Por Dios!

Donoso corrió para coger el cuadro.   También gritó mientras
10   ponía el cuadro contra el muro.   El cuadro estaba absolutamente limpio, excepto el centro, en el que había la representación de una joya verde, la joya que el profesor Carrera había encontrado en el sepulcro.

EXERCISES

A. *Reading Comprehension*

Select the word or phrase that best completes each statement according to the story.

1. ¿Qué vio el artista cuando quitó la tela que cubría el cuadro?
   a. Una persona viva que acababa de despertar.
   b. Una cadena de plata con una piedra de color verde.
   c. Una figura de mujer con una joya alrededor del cuello.
2. ¿Por qué no quería firmar el cuadro?
   a. Porque no había que mandarlo al museo.
   b. Porque no lo había pintado él.
   c. Porque no lo había terminado.
3. ¿Adónde pensaba mandar el cuadro?
   a. A la exhibición de Chile.
   b. Al museo de Lima.
   c. A la exploración de Santiago.
4. Rojas no podía jugar al tenis . . .
   a. porque tenía que ayudar al doctor Carrera.
   b. porque tenía que dirigir una exploración.
   c. porque tenía que preparar unas cajas.
5. ¿Cómo explicó Donoso el misterio del cuadro?
   a. Con un cuento fantástico.

      b. Con un sueño que tuvo.

      c. No lo pudo explicar.

6. ¿Qué sintió cuando se despertó?

      a. Un ruido penetrante.

      b. Un olor especial.

      c. Una mano que pesaba mucho.

7. ¿Por qué va al museo?

      a. Porque su paleta no tenía el verde de la joya.

      b. Porque encontró una joya como la que pintó.

      c. Porque Rojas encontró algo de mucho interés.

8. ¿Qué encontró Rojas?

      a. Una caja del doctor Carrera sobre una mesita.

      b. Una joya idéntica a la del cuadro.

      c. Unos colores verdes como el de la joya.

9. ¿Qué sacó el indio de la caja?

      a. Una piedra del color de la del cuadro.

      b. Un pincel y una tableta de color.

      c. Un grupo de plumas del mismo color.

10. ¿Cuál era el olor que había en el cuarto?

      a. El olor de los pinceles y los colores.

      b. El olor de algo para preservar a los muertos.

      c. El olor de los pelos que servían de pincel.

11. ¿Por qué Rojas deja caer el cuadro?

      a. Porque ya había visto demasiadas cosas raras.

      b. Porque el cuadro estaba absolutamente limpio.

      c. Porque sólo quedaba en el centro la figura de la joya.

B. *Vocabulary*

Select the word or expression in column B closest in meaning or related logically to each term in column A.

A	B
1. _____ Perú	a. pincel
2. _____ paleta de colores	b. sandalias
3. _____ tenis	c. muerto
4. _____ cuello	d. rodillas
5. _____ joya	e. cadena de plata
6. _____ pies	f. parte superior del cuerpo
7. _____ sepulcro	g. peruano
8. _____ pierna	h. juego

Write sentences of your own using the following expressions.

1. encontrarse inquieto
2. acabar de
3. detenerse
4. acercarse

5. tener miedo
6. no tener más remedio que
7. estar seguro de
8. ir hacia

C. *Prepositions*

Complete the following sentences with the correct preposition.

1. El artista dio unos pasos (para / por) ____ el estudio.
2. Hace años que veo a esta mujer (de / en) ____ mi imaginación.
3. ¿Tienes interés (para / por) ____ la cultura de los incas?
4. En la paleta no estaba ese color verde tan peculiar (de / en) ____ la joya.
5. El director señaló una caja que estaba (con / sobre) ____ la mesa.
6. (Para / por) ____ adornar el pelo, ella llevaba un pedazo de tela amarilla alrededor (de / en) ____ la cabeza.

D. *Affirmative and Negative Words*

Review the uses of the following affirmative and negative words.

o . . . o (either . . . or)	ni . . . ni (neither . . . nor)
algún (some, any)	ningún (none, neither of them)
algo (something)	nada (nothing)
alguien (someone)	nadie (no one)
también (also)	tampoco (neither, not either)

Remember that **no** precedes the verb whenever another negative word follows the verb.

Rewrite the following sentences in the negative.

> EXAMPLE: Dijo *algo*.
> **No** dijo **nada**.

1. Había *algo* de ese color verde tan peculiar en la paleta.
2. Una hora más tarde *alguien* llamó a la puerta.
3. El olor de la atmósfera tenía *algo* de especial.
4. Sé lo que es y lo que me pasó.
5. Estaba seguro de que *algo* raro ocurría.
6. *Algún* fantasma inca la ayudaba.

7. *También* vio la joya inca que la mujer tenía en el cuello.
8. Me lo dijo *alguien.*

Change the following sentences to the affirmative.

1. *Ningún* ruido rompió el silencio de la noche.
2. *Nadie* había terminado el cuadro.
3. *No* vi *ni* oí *nada.*
4. *Tampoco* creyó mi explicación.

E. *Formal* **Ud.** *and* **Uds.** *Commands*

Remember that the first person singular (**yo**) form of the present indicative serves as the stem for the formation of formal (**Ud.** and **Uds.**) commands.   Singular formal commands of regular verbs are formed by dropping the **-o** ending of the first person singular form and adding **-e** for **-ar** verbs and **-a** for **-er** and **-ir** verbs.   To form the plural, simply add an **-n** to the singular form.

In the following exercise, ask the subject of each sentence to do the opposite of what he or she is doing.

EXAMPLE: El señor Donoso no pinta.
         Señor Donoso, pinte.

1. El señor Rojas no abre el museo.
2. El doctor Carrera lleva las cajas.
3. La señorita Gómez no limpia el cuadro.
4. El empleado llama a la puerta.
5. El empleado no tiene cuidado con el cuadro de Donoso.

Remember that object pronouns are placed immediately after the affirmative command form and are attached to it.

Now do the same using the **Uds.** *command.*

1. Los señores Rojas y Donoso no salen temprano.
2. Los empleados del museo no hablan español.
3. Los amigos no vienen a tiempo.
4. Los incas no le dicen la verdad.
5. Ellos no lo llevan.

F. Demonstratives

In Spanish the ending of the demonstrative adjective (**este, ese, aquel**) must change to agree in gender and number with the noun it modifies. **Este** (*this*) points out a particular person or object near the speaker; **ese** (*that*) indicates something near the person spoken to; and **aquel** (*that, over there*) refers to something in the distance from both the speaker and the person spoken to.   Keep in mind that accented demonstratives function as pronouns, and that they must also agree in gender and number with the noun they replace.

Complete with the correct form of the appropriate demonstrative.

1. Donoso vio la joya a su lado y dijo —¡Qué rara es _____ joya!
2. El indio sacó una tableta de color, de _____ mismo color verde de la piedra pintada en el cuadro que Donoso tenía en sus manos.
3. Rojas sintió el olor y le preguntó a Donoso: "¿Es _____ olor extraño que siento aquí en el depósito parecido al que sentiste en tu estudio?"
4. Donoso pone los pinceles en dos cajas diferentes.   "_____ pinceles aquí son míos, y _____, a tu lado, son los tuyos.
5. Vi que el inca sacó sus pinceles y sus colores de _____ caja en el rincón.
6. Te invito a comer conmigo _____ noche.
7. Me interesa estudiar _____ culturas misteriosas que existieron hace muchos años.
8. Donoso observó que los incas se parecían a _____ (allá lejos) pintados en los muros del museo.
9. _____ piedras preciosas (cerca de nosotros) no parecen muy antiguas. Pero, _____ (cerca de Ud.) fueron encontradas en un sepulcro de los incas.
10. _____ cuarto (en que trabajamos ahora) tiene un olor extraño.

G. Topics for Discussion

Discuss the following topics in Spanish.

1. Describa el cuadro de Donoso.
2. ¿Cómo estaban vestidos los incas que Donoso vio en el depósito?
3. ¿Cree Ud. en la reencarnación?   Explique su respuesta.
4. ¿Quiénes eran los incas?   ¿Qué sabe Ud. sobre esta civilización?
5. ¿Cree Ud. que los eventos narrados pueden pasar en la vida real? Explique su respuesta.

6. ¿Teme Ud. a los muertos? ¿Por qué?
7. ¿Cree Ud. en la posible comunicación con personas de siglos pasados? Explique su respuesta.

H. *Composition*

Describe in Spanish the painting that Donoso is trying to finish. Use the vocabulary and grammar you have learned in this section.

HISTORIA DEL HOMBRE QUE SE CASÓ CON UNA MUJER MUY BRAVA

DON JUAN MANUEL

En cierta ocasión el Conde Lucanor le dijo a su consejero Patronio:

—Patronio, un criado me dijo que le aconsejaban[1] casarse con una mujer muy rica y de un nivel social[2] más alto. El casamiento[3] parece ser muy bueno, excepto por un inconveniente: la mujer es
5 la más brava del mundo. Aconséjame: ¿debe o no casarse con esa mujer?

—Señor Conde, —dijo Patronio, si el hombre es como el hijo de un famoso moro[4] que conocí, sí debe casarse con ella, pero si no es como él, no debe casarse.

10 El Conde no comprendió bien a Patronio y le pidió una explicación. Entonces Patronio le dijo que en un pueblo había un hombre pobre y muy humilde[5] que tenía un hijo muy bueno. En el mismo pueblo había otro hombre muy rico y de muy buena posición social que tenía una hija muy bonita. La chica era, sin
15 embargo,[6] muy diferente al hijo del hombre pobre porque tenía muy mal genio[7] y un temperamento muy violento. Nadie en el pueblo quería casarse con esa mujer tan brava.

Un día el joven le dijo a su padre que sabía que no eran ricos y que no podían vivir tan bien como debían, y que por eso creía que
20 debía irse del pueblo a buscar fortuna en otra parte, o tratar de conseguir una esposa con dinero para mejorar su posición social. El padre le contestó que trataría de conseguirle un buen matrimonio. Entonces el hijo le explicó al padre lo que[8] pensaba. Quería casarse con la hija brava de ese amigo que tenía mucho
25 dinero. Cuando su padre oyó esto no lo creyó.

---

[1]**aconsejar** to advise [2]**nivel social, posición social** social standing, social position [3]**casamiento** marriage [4]**moro** Moor (*The Muslims invaded and conquered Spain in the eighth century and remained there until they were driven out in 1492.*) [5]**humilde** humble [6]**sin embargo** however, nevertheless [7]**mal genio** bad temper [8]**lo que** what, the thing

—Hijo, dijo el padre, —aunque somos pobres no debes casarte con esa mujer tan brava.

Y el hijo, otra vez, le explicó a su padre su idea.   Le rogó[9] tanto que su padre aceptó hablar con el padre de la mujer brava.

5   Ese día se vistió muy bien y fue a ver a su amigo rico y le dijo todo lo que había hablado con su hijo.   El padre de la mujer se alegró, pero después de pensarlo bien le dijo a su amigo pobre:

—¡Por Dios!,[10] amigo, yo no puedo aceptar tu oferta.[11]   Tú tienes un hijo muy bueno.   No es conveniente casarlo con mi hija.

10   Ella tiene muy mal genio y necesita un hombre de carácter fuerte.[12]   Es mejor para tu hijo estar muerto que casado con mi hija.   En realidad, no te digo esto por no aceptar lo que me pides.   Al contrario, quiero casar a mi hija, y pienso que me va a gustar mucho dársela a tu hijo o a cualquier otro pretendiente.[13]

15   La discusión entre los dos hombres duró[14] mucho tiempo.   Por fin, después de mucho hablar, los dos llegaron a un acuerdo,[15] y el casamiento se hizo como deseaban.

Los moros tienen por costumbre prepararles la cena a los novios, ponerles la mesa[16] y dejarlos solos en su casa hasta el día siguiente.

20   Así lo hicieron esta vez, pero los padres y los parientes del novio y de la novia se quedaron muy nerviosos pensando que al otro día iban a encontrar al novio muerto o muy mal herido.[17]

Cuando los novios se quedaron solos en la casa y se sentaron a la mesa, el joven miró alrededor[18] de la mesa y vio un perro.   De

25   pronto[19] le dijo al perro:

—Perro, sírvenos agua para lavarnos las manos.

El perro miró a su amo, pero no se movió.   El joven, entonces, se comenzó a enfadar[20] y volvió a repetir la orden con más severidad:

30   —¡Tráenos agua!

Cuando vio que el perro no les traía el agua se levantó de la mesa, sacó la espada[21] y se dirigió al perro.   Al verlo venir con

---

[9] **rogar** to beg   [10] **¡Por Dios!** for goodness sake!   [11] **oferta** offer   [12] **hombre de carácter fuerte** man of strong character, strong-willed man   [13] **pretendiente** suitor, a man seeking to become engaged to her   [14] **durar** to last   [15] **acuerdo** agreement   [16] **poner la mesa** to set the table   [17] **mal herido** seriously wounded   [18] **alrededor** around   [19] **de pronto** suddenly   [20] **enfadarse** to become angry   [21] **sacar la espada** to draw the sword

tanta furia, el perro comenzó a huir.   Pero el joven lo persiguió[22] alrededor de la mesa hasta que lo alcanzó[23] y le cortó la cabeza.[24]

Así, muy serio y todo ensangrentado, se sentó a la mesa y miró nuevamente[25] a su alrededor.   Vio un gato y le pidió agua para las
5   manos.   Pero el gato no entendió y no se la trajo.   El hombre le dijo al gato:

—¿Cómo, gato traidor, y no viste lo que le hice al perro porque no quiso hacer lo que le mandé?   Prometo a Dios que si no obedeces[26] te haré lo mismo a ti.

10   El gato no lo hizo porque tampoco es su costumbre dar agua para las manos.   Y porque no lo hizo, el joven se levantó, lo tomó por las patas[27] y lo tiró contra la pared.[28]

Y así muy bravo, serio y haciendo muy malos gestos, el esposo regresó a la mesa y miró por todas partes.   La mujer que vio lo que
15   hacía su marido, creyó que estaba loco, pero no dijo nada.

El joven miró otra vez a su alrededor y esta vez vio un caballo que estaba afuera.   Fue hacia él y le pidió agua para las manos. Cuando vio que como el perro y el gato, el caballo no obedecía, le dijo:

—¿Cómo, don caballo, crees que porque no tengo otro caballo
20   te voy a dejar en paz si no obedeces?   Si no haces lo que mando, juro a Dios[29] que vas a terminar como los otros que no obedecieron.   Al que no obedece lo mato.   ¡Apúrate,[30] tráenos el agua!

El caballo no se movió.   Y cuando el esposo vio que no le
25   obedecía, le cortó la cabeza con la mayor furia que pudo mostrar.

La mujer que vio que mataba a su único caballo y oyó que decía que iba a hacer lo mismo con los desobedientes, pensó que su esposo no estaba jugando, y tuvo tanto miedo[31] que no sabía si estaba muerta o viva.

30   El esposo, bravo, sañudo[32] y ensangrentado, regresó a la mesa, jurando que iba a matar a todos los desobedientes.   Se sentó y miró por todas partes teniendo la espada sangrienta sobre las piernas; y después de mirar por todo el cuarto y de no ver a nadie,

---

[22]**perseguir** to pursue, chase   [23]**alcanzar** to overtake, catch   [24]**cortar la cabeza** to cut off his head   [25]**nuevamente** again   [26]**obedecer** to obey   [27]**pata** leg [28]**pared** wall   [29]**juro a Dios** I swear to God   [30]**apurarse** to hurry up   [31]**miedo** fear   [32]**sañudo (-a)** furious

volvió los ojos hacia su esposa muy bravamente[33] y le dijo con gran furia mientras sostenía[34] la espada en la mano:

—¡Levántate y dame agua para lavarme las manos!

La mujer que no esperaba otra cosa sino la muerte, se levantó
5 muy de prisa[35] y le dio el agua que pedía.   Y el esposo le dijo:

—¡Ah!, cómo le agradezco a Dios porque hiciste lo que te ordené.   Podías haber terminado como estos locos que no me obedecieron.

Después le pidió la comida y ella obedeció.

10 Así, cada vez que le decía alguna cosa, se lo decía con tanta furia
que la mujer creía que le iba a cortar la cabeza.

Pasó aquella noche y la mujer no se atrevió[36] a hablar, pero
siempre hacía todo lo que le mandaba el marido.   Cuando habían
dormido un rato le dijo él:

15 —Con esta furia que tuve esta noche no he podido dormir muy
bien.   Ahora quiero dormir.   Por la mañana hazme una buena comida.[37]

A la mañana siguiente los parientes y los padres llegaron a la
puerta, y como había mucho silencio creyeron que el esposo estaba
20 muerto o herido.   Cuando vieron a la esposa y no al esposo, lo
creyeron aún más.   Pero cuando ella los vio en la puerta, llegó
muy despacio[38] y con gran miedo les dijo:

—Locos traidores, ¿qué hacen? ¿Cómo se atreven a venir y a
hablar tan alto?[39] ¡Cállense! ¡Silencio! Todos vamos a morir si
25 despertamos[40] a mi marido.

Cuando oyeron esto, los parientes y los padres se maravillaron[41]
y apreciaron mucho[42] al joven que había sabido hacer lo que le
convenía.[43]

Desde aquel día en adelante,[44] la mujer fue muy obediente y los
30 dos tuvieron una vida feliz.

A los poco días el padre de la joven esposa quiso hacer lo mismo
que había hecho su yerno[45] y mató un gallo[46] de la misma manera,

---

[33]**bravamente** angrily, bravely [34]**sostener** to hold [35]**de prisa** in a hurry
[36]**atreverse** to dare to [37]**buena comida** a good meal [38]**despacio** slowly, silently
[39]**alto** loudly [40]**despertar** to wake [41]**maravillarse** to marvel at, wonder at, to
be surprised [42]**apreciar mucho** to admire greatly [43]**convenir** to be fitting, be
good for one [44]**desde aquel día en adelante** from that day on [45]**yerno** son-
in-law [46]**gallo** rooster

pero su mujer le dijo:

—Tarde lo haces, pues ya no te vale de nada.   Debiste comenzar antes porque ya nos conocemos muy bien.

* * *

—Y Ud., señor Conde, si aquel hombre que le pidió consejo
5 quiere casarse con esa mujer brava, si él es como el joven de la historia, creo que debe casarse porque él sabrá lo que pasa en su casa, pero si no sabe lo que debe hacer y lo que le conviene, no debe casarse.

Al Conde le gustó mucho este consejo y más tarde le dijo a su
10 criado:

—Si al comienzo[47] no muestras quien eres
nunca después podrás hacer lo que quieres.

EXERCISES

A. *Reading Comprehension*

Select the word or phrase that best completes each statement according to the story.

1. En el pueblo había
   a. un hombre humilde que tenía una hija muy brava.
   b. un hombre bravo que tenía un hijo rico.
   c. un hombre pobre que tenía un hijo bueno.
   d. un hombre rico que tenía una hija humilde.
2. El joven quiere casarse para
   a. mejorar su condición social.
   b. llegar a un acuerdo.
   c. aceptar lo que le piden.
   d. cortarle la cabeza a la mujer.
3. Los moros tienen por costumbre
   a. cortarles la cabeza a los animales.
   b. prepararles la cena a los novios.
   c. mirar alrededor de las mesas.
   d. encontrar al novio muerto.

---

[47]**al comienzo** at the beginning

4. El novio les cortó la cabeza
   a. al perro y al gato.
   b. al caballo y al gato.
   c. al perro y al caballo.
   d. al gato y al gallo.
5. El novio se sienta a la mesa jurando que va a
   a. matar a los obedientes.
   b. cortarle la cabeza a la esposa.
   c. matar a los desobedientes.
   d. cortarle la cabeza al yerno.
6. Los parientes de los novios creyeron que
   a. el novio estaba loco.
   b. la novia estaba mal herida.
   c. el esposo estaba muerto.
   d. la esposa estaba brava.
7. Un hombre debe casarse si
   a. no sabe lo que pasa en su casa.
   b. sabe que su mujer tiene mucho dinero.
   c. sabe lo que debe hacer y lo que le conviene.
   d. no sabe lo que le conviene o lo que no debe hacer.

Change the false statements to make them agree with the story.

1. El Conde pide consejos porque se quiere casar.
2. La hija del hombre pobre tiene muy mal genio.
3. El joven quiere casarse con una mujer pobre y buena.
4. El perro se levantó de prisa y tomó el agua que quería.
5. El padre de la chica no tuvo éxito porque la esposa ya lo conocía muy bien.

B. *Vocabulary*

Select the words needed to complete the following paragraph correctly from the list given below.

esposo, día, costumbre, esta, su, herido, del, estaban, los

Entre los moros existía la ____ de preparar una cena a ____ novios y dejarlos solos en ____ casa hasta el día siguiente. ____ vez, sin embargo, los parientes ____ novio y de la novia ____ muy nerviosos pensando que al ____ siguiente iban a encontrar al ____ muerto o muy mal ____.

Write the noun, verb or adjective contained in each of the following words. There may be more than one word for each.

EXAMPLE: *desobedecer*
obedecer

1. inconveniente	6. nervioso	10. desobedientes
2. conseguir	7. lavarnos	11. bravamente
3. pensarlo	8. ensangrentado	12. sostenía
4. realidad	9. nuevamente	13. moriremos
5. dársela		

Write complete sentences using the cues given and adding any other necessary words.

EXAMPLE: Patronio / oir / consejos / amigo
Patronio oye los consejos de su amigo.

1. hijo / buscar / fortuna / otra parte
2. él / querer / esposa / dinero
3. padre / dar / hija / pretendiente
4. perro / traer / agua / amo
5. esposo / poner / espada / piernas

C. *Familiar or Informal* **tú** *Commands*

The verb form for the familiar (**tú**) command is the same as the third person singular of the present tense. Remember that object pronouns are placed immediately after the affirmative command form and are attached to it.

Make **tú** *commands from the following sentences placing any pronoun that goes with the verb in its proper place.*

EXAMPLE: El *nos da* el dinero.
Danos el dinero.

1. El nos sirve agua para lavarnos las manos.
2. Elena nos trae la comida en seguida.
3. Tú te callas.
4. Mi amigo se viste bien.
5. Yo me despierto temprano.
6. Ella se sienta aquí.
7. Él se levanta y me da agua para las manos.
8. El criado se apura y nos trae la comida.
9. El caballo hace lo que le ordeno.
10. El padre se apura. Nos hace un favor.

D. *The Reflexive Construction*

Complete each of the following sentences with the apporpiate present-tense form of the reflexive.

1. El hombre pobre (casarse) ＿＿ con la mujer brava.
2. Tú (vestirse) ＿＿ en seguida para ir a ver a tu amigo.
3. La esposa (levantarse) ＿＿ rápidamente.
4. Vamos a (levantarse) ＿＿ temprano.
5. Nosotros (alegrarse) ＿＿ mucho.
6. Mis padres (quedarse) ＿＿ en el pueblo.
7. Uds. (irse) ＿＿ pensando que al otro día él va a estar muy mal herido.
8. Tú no (atreverse) ＿＿ a casarte con una mujer de temperamento violento.
9. Yo (divertirse) ＿＿ con mis parientes.
10. Uds. (sentarse) ＿＿ cerca de su perro.
11. ¿Ya (tú-acostarse) ＿＿?
12. Quiero (sentarse) ＿＿ aquí con mi pretendiente.
13. Nosotros (callarse) ＿＿ cuando entra el director de la escuela a la clase.

Remember that the reflexive pronouns follow and are attached to affirmative commands.

Change each infinitive in parentheses to a **tú** *command.*

> **EXAMPLE:** Juana (sentarse) aquí.
> **Juana, siéntate aquí.**

1. El padre (vestirse) rápido.
2. Julio (divertirse) mucho.
3. Elsa (levantarse) rápidamente.

4. Tú (sentarse) aquí.
5. La mujer (quedarse) conmigo.

Remember that in a negative statement **no** precedes the entire reflexive construction.

Change the following sentences to the negative.

> **EXAMPLE:** Yo me levanto temprano.
> **Yo no me levanto temprano.**

1. Los parientes del novio se quedaron nerviosos.
2. La esposa se levantó en seguida a hacer la comida.
3. Los familiares se callaron inmediatamente.
4. El criado se puso un abrigo.
5. Nosotros nos servimos agua.
6. El novio siempre se divertía mucho.
7. La joven también se fue con alguien.
8. ¿Te quedas con éste o con ése?
9. Tú te atreves a desobedecer.
10. Ellos se van del pueblo a buscar fortuna a otra parte.

E. *Use of the Infinitive*

In Spanish the infinitive is the verb form that is used as the object of a preposition.

  EXAMPLE: **Voy a comer.**

Supply the Spanish equivalent of the verb in parentheses.

1. El joven trata de (to get) _____una esposa con dinero.
2. El padre, después de (to think) _____ mucho, fue a (to talk) _____ con su amigo rico.
3. Te digo que estoy por (to accept) _____ lo que me pides.
4. Los parientes creían que iban a (to find) _____ al esposo muerto al día siguiente.

The infinitive is also used as the object of a conjugated verb.

  EXAMPLE: **Juan quiere comer.**

Supply the Spanish equivalent of the verb in parentheses.

1. Un criado me dijo que quería (to get married) _____.
2. El hijo cree que se debe (to go) _____ del pueblo a buscar fortuna en otro lugar.
3. El hombre, de mal genio, juró (to kill) _____ a todos los desobedientes.
4. Quiero (to sleep) _____ bien esta noche.
5. El joven esposo supo (to do) _____ lo que le convenía.

F. *Use of* **lo que**

Lo que is used to replace a general or abstract idea rather than a specific object or person.   It translates the English *what* in the sense of *that which*.

> EXAMPLE: **Lo que** me gusta más es leer.
> *What I like best is to read.*

Translate the following sentences into English.

1. Le dijo todo lo que había hablado.
2. No vio lo que le hice al perro.
3. Siempre hace lo que quiere.
4. La mujer vio lo que hacía su marido.
5. ¿No hiciste lo que te ordené?
6. No es lo que debe hacer.

G. *Topics for Discussion*

Discuss the following topics in Spanish.

1. Feminismo
2. Machismo
3. Responsabilidades de cada cónyuge en el matrimonio
4. La moraleja de la historia

H. *Review*

1. Review the vocabulary and grammar covered up to this point. Then complete each sentence with the translation of the word(s) in parentheses.

Ésta es la historia de un moro muy pobre y honesto que (*had*) ____ un hijo muy bueno que quería (*to get married*) ____ con la hija de un amigo de su padre (*use prep.*) ____ mejorar su posición social y económica.   Aunque la hija era muy bonita, tenía un carácter muy fuerte y no le gustaba (*to obey*) ____.   (*Her*) ____ padre tenía mucho dinero pero estaba triste porque su hija no tenía pretendientes.   Por eso, cuando su amigo pobre (*came to see him*) ____, se puso muy contento (*use prep.*) ____ la oportunidad de casar a su hija.   Por fin la boda se celebró y los esposos fueron a su casa a (*to eat*) ____ la cena que, como era costumbre, les habían preparado (*their*) ____ parientes.   El joven esposo sabía perfectamente bien (*what he had to do*) ____ para mandar (*use prep.*) ____ su casa: mostrar su autoridad desde un principio.   Cuando los esposos (*sat down*) ____ a la mesa, el joven le pidió a su perro agua para las manos, pero el perro no se la trajo. Entonces, (*without thinking about it*) ____, el joven le cortó la cabeza al animal desobediente. (*In a little while*) ____ les pidió agua a un gato y a un caballo que estaban cerca, pero los animales no se la trajeron. Los dos perdieron la vida. La esposa pensaba que su marido (*was*) ____ loco, y cuando él le dijo lleno de ira: —(*Bring me water!*) ____, ella se levantó de la mesa y (*brought it to him*) ____ rápidamente.

2. *Complete each sentence with the proper form of the word(s) in parentheses.*

Yo (llamarse) ____ Juan, tengo doce años y soy huérfano. Todos mis amigos tienen padres, pero yo soy el único huérfano del barrio. Mis padres (ser) ____ muy buenos conmigo y me querían mucho. Siempre (creer) ____ todo lo que les decía y nunca me (regañar) ____. Pero un día todo (cambiar) ____.

Recuerdo que les conté que había visto una (*little ball*) ____ roja que (comer) ____ lagartijas y que se comunicaba conmigo sin decirme nada. Cuando la (*little ball*) ____ se ponía brava (crecer) ____ y (comenzar) ____ a brillar mucho, parecía que (ir) ____ a explotar. Por eso les dije a mis padres que no (deber) ____ subir al desván, que era donde vivía la pelota roja. Mis padres pensaron que estaba loco y esta vez no quisieron creer nada de lo que les decía. Ellos (subir) ____ al desván para demostrarme que yo (ser) ____ un mentiroso. Yo (quedarse) ____ abajo lleno de miedo porque (saber) ____ que la pelota roja no quería ver a nadie de este mundo. De pronto (sentir) ____ un ruido muy fuerte y un olor penetrante. Comprendí que algo malo (haber) ____ pasado.

Ahora estoy aquí sentado en esta silla, (*waiting*) ____ con mucho miedo la llegada de las compañeras de la bola roja. Sé que van a venir, pero nadie me cree. ¿Qué debo hacer?

Part 4

Part 4 presents the popular legends "Sangre en el umbral" and "La vuelta del presidiario" by the Argentinian writer Gustavo Martínez Zuviría, better known by his pseudonym Hugo Wast. His longer works, best-sellers in the Spanish-speaking world, have been translated into many languages, and some of them have been classroom favorites in the United States for many years. Although Hugo Wast's short stories are less well known in this country, they are, nevertheless, of the same quality as his novels, and some of them, such as the two presented here, are even better. Both "Sangre en el umbral" and "La vuelta del presidiario" are based on popular legends that Argentinian country people have preserved about the bandit-hero Roque Carpio. The first is a powerful drama of feminine determination; the second, on the other hand, shows a sympathetic attitude toward the popular hero.

STUDY AIDS

The following suggestions will help you in your reading of the selections:

1. Words that are not listed in the vocabulary are cognates. Many of the words used in this book are derivatives. For example, the ending **-dor** is added to the stem of verbs to indicate the person who performs the action of the verb or the place where the action of the verb is performed; the ending **-oso** is added to the stem of nouns to express a quality from the meaning of the noun; the most common diminutive endings in Spanish are **-ito** and **-ita**; the characteristic ending for the absolute superlative is **-ísimo** (**-ísima, ísimos, -ísimas**).

2. Be sure to review the following grammar points found at the end of each selection: future tense, comparisons, absolute superlative, conditional, present participle, present subjunctive, imperfect subjunctive, and uses of indicative versus subjunctive.

SANGRE EN EL UMBRAL[1]

I

Cuando Midas Ontiveros se quedó sin empleo, ni medio alguno de
ganarse la vida en la ciudad, recorrió las casas de sus amigos para
decirles lo contento que estaba.

—En fin de cuentas[2] me han hecho un bien. En la ciudad
5 nunca he salido de pobre,[3] porque un empleado no tiene tiempo
de hacer negocios. Ahora me voy al campo. Mi cabeza es un
hervidero[4] de ideas de negocios.

Los amigos se alegraron de que así fuera.

Midas Ontiveros era viudo y cuarentón.[5] Tenía una hija, María
10 Juana, que había dejado bastante lejos sus quince años[6] y era ya
quien manejaba[7] la casa. También tenía dos hijos menores, de
seis y siete años, Aquiles y Héctor, y vivía con él su suegra,[8] doña
Claudia.

Él mismo dio a su familia la mala noticia.

15 —Nos iremos al campo. Un hermano de mi padre, el más viejo
de los Ontiveros—don Pedro Pablo Ontiveros—es un solterón
que anda cerca de los cien años,[9] dueño de un establecimiento de
campo[10] en la sierra, en Inti-Huasi. No tiene más parientes que
nosotros,[11] y será una felicidad para él que un día caigamos en su
20 casa,[12] aunque sea haciéndole un agujero al techo.[13]

II

No habría sido difícil hacer un agujero en el techo de paja[14] de la
casa de don Pedro Pablo Ontiveros. Pero no fue necesario entrar

---

[1]**umbral** threshold [2]**en fin de cuentas** after all [3]**salir de pobre** to escape from
poverty [4]**hervidero** swarm [5]**cuarentón** in his forties [6]**había . . . años** she
was much older than fifteen [7]**manejar** to manage, take care of [8]**suegra**
mother-in-law (**suegro** father-in-law) [9]**que . . . años** who is nearly a hundred
years old [10]**establecimiento de campo** farm [11]**no tiene . . . nosotros** we are his
only relatives; he has no other relatives except us [12]**caigamos en su casa** if we
drop in on him [13]**aunque . . . techo** although it may be through the ceiling
(humorous because of the preceding phrase, **caer en su casa**) [14]**techo de paja**
thatched roof

102

así.   Desde años atrás,[15] el viejo mismo había escrito a Midas
invitándolo a pasar el verano en Inti-Huasi.

"No estarás con tanto lujo[16] como en la villa —le escribía don
Pedro Pablo— pero sí cómodo.   Tengo un pozo[17] de agua que es
5 un hielo de fría,[18] y una higuera,[19] más vieja que yo, me cubre el
patio.   A la hora de la siesta pongo mi catre[20] cerca del pozo y
duermo como un rey."

Con la lectura de dos o tres cartas así, germinó en el corazón de
Midas Ontiveros la ambición de instalarse allá para administrar o
10 explotar racionalmente aquella posesión que él llamaba "el establecimiento" de mi tío, sin animarse aún a llamarla "estancia".

Y en el espíritu poético de María Juana, que leyó la carta del
viejo en un ardoroso día de verano, Inti-Huasi, con su higuera y su
pozo de agua, que era un hielo, apareció como un sitio deleitoso[21] y
15 umbrío,[22] en que por lo menos a la hora de la siesta, descansaría de
las rudas tareas de dueña de casa.[23]

III

El *break*[24] que los llevó desde Canteros hasta el patio mismo de
Inti-Huasi, penetró por una puerta de la rústica pared de piedra
que cercaba[25] el campo.   Se apearon[26] los viajeros bajo la sombra
20 de la higuera.

—¡Hijos míos! —exclamó el viejo, abriendo los brazos para que
se echaran en ellos Midas, María Juana y los chicos.   Y cuando se
apeó la abuela, se sacó el sombrero y dijo:

—No tardará mi higuera en tener higos.   ¡Verá qué higos,
25 señora!

Midas Ontiveros echaba una mirada de experto sobre las cosas, y
se emocionaba, porque iba a tener que empezar a poner sus ideas
en contacto con las rudas realidades.   El viejo le dijo al oído:[27]

—He metido en el pozo, para que se refresque, una

---

[15]**desde años atrás** for many years [16]**lujo** luxury [17]**pozo** well [18]**hielo** ice;
que . . . fría cold as ice [19]**higuera** fig tree (**higo** fig) [20]**catre** cot, small bed
[21]**deleitoso (-a)** delightful [22]**umbrío (-a)** shady [23]**dueña de casa** housekeeper,
mistress of the house [24]**break** a high four-wheeled carriage [25]**cercar** to fence,
enclose [26]**apearse** to get off [27]**al oído** confidentially

damajuana[28] de un vino que cosecha[29] un amigo mío . . . ¡Verás qué vino!

El mediodía no estaba lejos, y Midas tenía sed, por lo cual respondió brevemente,[30] como hombre ya preocupado por los
5 negocios:

—¡Probemos ese vino!

Don Pedro Pablo vio que Leopolda, una criada vieja que le servía, se había encargado de hacer los honores a las mujeres, y que los chicos andaban en el corral, y que podían él y su sobrino llegar
10 hasta el pozo sin ser vistos de nadie.

—¡Ven! —le dijo, haciéndole una guiñada inteligente.[31]

Midas lo siguió, sin miedo a los perros, que le olían las botas.

Había comprado en la ciudad un traje de gaucho completo, creyéndolo más adecuado al lugar en que iba a vivir, y le sorprendía que su tío anduviera de pantalones y alpargatas,[32] sin medias[33]
15 y con un saco de brin.[34]

El pozo estaba en medio de un cañaveral[35] fresquísimo y verde, entre cuyos tallos[36] profusos podía esconderse un hombre a caballo.

20 —Cuando no me lo comen las vacas en el invierno, este cañaveral es muy lindo —dijo don Pedro, levantando con exquisito cuidado la damajuana.

—¡Pero tío! —exclamó Midas. —¡Este cañaveral es una fortuna! En la ciudad, por una caña, cobran dos y tres pesos. Y
25 usted debe tener aquí cuatro mil o cinco mil cañas. ¡Diez mil pesos!

—¿Cómo dices? —preguntó el viejo, sin suspender la interesante operación de acercar la damajuana.

—Tiene usted aquí diez mil pesos, por lo menos.

30 —¿Diez mil pesos?

---

[28]**damajuana** demijohn (*a large, narrow-necked bottle of glass or stoneware that holds from 1 to 10 gallons of wine*) [29]**cosechar** to harvest [30]**brevemente** briefly, shortly [31]**guiñada** wink; **una . . . inteligente** a meaningful wink [32]**alpargatas** sandals (*of canvas and hemp sole*); **y . . . alpargatas** and he was surprised (at the fact that) his uncle was wearing trousers (and no gaucho loose-fitting breeches) and sandals. [33]**medias** stockings, socks [34]**brin** coarse linen fabric [35]**cañaveral** cane field, reed patch (**caña** cane, reed) [36]**tallo** stem, stalk

—¡Por lo menos!

El viejo hizo una mueca[37] desinteresada, porque en ese instante la damajuana aparecía arriba del brocal.[38]

—¡Esta agua —dijo el viejo —es un puro hielo! ¿Qué te parece
5 si nos sentamos aquí? En la casa andarán las mujeres de un lado a otro.[39]

—Como quiera, tío —respondió Midas, que estaba haciendo números en una libreta.[40]

Con la damajuana en la mano, se internó don Pedro Pablo en el
10 cañaveral y se sentó en la tierra.

—Pero yo no tengo vaso aquí. A ti, ¿no te importará beber sin vaso?

—No, tío.

—No es muy pesada la damajuana —exclamó el viejo, em-
15 pezando a beber.

¡Glu, glu, glu! cantó el vino por un largo rato, mientras Midas hacía números.

Cuando terminó de beber, bajó don Pedro la damajuana y se la entregó[41] a su sobrino con esta filosófica observación:
20 —Así es mucho mejor, porque no se asusta[42] uno mismo de lo que bebe. . . .

IV

El primer día, María Juana, que había dormido en un cuarto por cuya ventana penetraba durante la noche el ardiente perfume del campo, se despertó al canto de los pájaros.
25 —¿Tienen muchas jaulas de pájaros aquí? —preguntó a doña Leopolda, que preparaba el fogón[43] para encender fuego.

—No, niña; no tenemos ninguna.

—¿Y ésos que cantan?

—Son los pájaros de la higuera. Van a comerse los higos.
30 María Juana adquirió la costumbre de ir a la higuera en cuanto se

---

[37] **mueca** grimace, wry face [38] **brocal** curbstone of a well [39] **En . . . otro** At home the women must be all over the place. [40] **libreta** notebook, memorandum book; **estaba . . . libreta** was figuring in his notebook [41] **entregar** to hand over, deliver [42] **asustarse** to be frightened [43] **fogón** hearth, fireplace

levantaba, para recoger los higos maduros. [44] Ponía los mejores en un plato y se los llevaba a la abuela.

Una mañana, cuando la niña recogía los higos, llegó don Pedro Pablo y le dijo:

5   —¿Qué pájaro tan grande y tan lindo me anda comiendo los higos?

María Juana se rió y besó la mano de su tío.

—Tu padre —le dijo don Pedro Pablo —se ha levantado haciendo números. Me parece que no quiere salir conmigo al
10   campo. ¿Quieres venir tú?

—¿A pie?

—A caballo, en el caballo y con la montura[45] de Midas.

A la puerta del corral estaban dos caballos ensillados. [46] Uno tenía la simple y rústica montura de don Pedro Pablo; el otro tenía
15   una lujosa montura mexicana; era el de Midas.

María Juana montó en ese caballo y siguió a su tío. Llegaron hasta lo más alto de las lomas. [47]

—Tu padre es muy fantástico —iba diciendo a María Juana don Pedro Pablo. —Al principio yo le creí. En mi vida[48] había ven-
20   dido yo una caña; pero tantos cálculos me hizo, que le dejé cortar el cañaveral y hasta le di dinero para llevar la cosecha a Córdoba, donde le iban a pagar, según decía, dos pesos por cada caña.

—¿Y cuánto sacó? —preguntó María Juana.

—Creo que logró vender dos docenas de cañas. Las otras las
25   mandó tirar. Ha perdido. Mejor dicho, he perdido yo muchos pesos.

—Se los ha de pagar, tío Pedro Pablo . . .

—¡Qué me ha de pagar, hijita! Ni me importa, si eso ha de servir para curarlo de fantasías. Aunque me parece que anda
30   pensando en otro negocio por el estilo. [49]

—En algo tiene que ocuparse.

—Mejor sería que no se ocupara de nada. ¿No le doy yo casa y comida? Y a ti quería hablarte de esto, hijita, porque eres más cuerda[50] que tu padre, según me va pareciendo. Tú sola has

---

[44]**maduro (-a)** ripe [45]**montura** saddle and trappings [46]**ensillados** saddled (**en-sillar** to saddle) [47]**loma** small hill [48]**en mi vida = nunca** [49]**por el estilo** like that [50]**eres más cuerda** you have more sense

puesto en orden lo de adentro de mi casa, que andaba patas arriba[51] en manos de Leopolda. Tal vez podrás también administrar un día lo de afuera.

—¿Un día?

5 —Sí, mi hijita, cuando yo me muera.

—¡Qué ideas se le ocurren, tío, en una mañana tan linda!

Estaban junto a una piedra plantada en lo más alto de la loma.

—Éste es el lindero[52] de mis campos, que llegan hasta el arroyo.[53] Allí hay otro lindero que forma cruz con éste.

10 Calló un momento el viejo y contempló a su sobrina, que desde su caballo miraba el paisaje.[54]

María Juana tenía ojos azules, apacibles[55] y purísimos, y aunque su tipo era más de morena[56] que de rubia, ellos denotaban un alma ilusionada y profunda, pero dulce y tranquila.

15 Un chico, a pie, iba por el camino de la loma, detrás de unos burros cargados de leña.[57]

Don Pedro se enfurecía[58] cada vez que tropezaba con ese cuadro, porque la industria de la leña había desnudado[59] los montes de la región, volviéndola más pobre y estéril.[60]

20 Iba a decir algo, pero se quedó encantado[61] viendo a su sobrina que, acercándose al muchacho, se puso a conversar con él.

—Si yo hubiera encontrado una mujercita como tú, hace sesenta años, ahora tendría biznietos.[62]

María Juana se ruborizó[63] como si el elogio[64] viniera de un joven.

25 Luego don Pedro Pablo dijo con tristeza:

—Pero se me hace[65] que tú no eres capaz de hacer las cosas que yo pensaba.

—¿Por qué, tío?

—Has de tener menos energía que el cabeza hueca de tu

30 padre.[66]

—Yo no sé cómo es mi padre —respondió melancólicamente

---

[51]**patas arriba** upside down [52]**lindero** boundary, landmark [53]**arroyo** stream, small river [54]**paisaje** landscape [55]**apacible** pleasant [56]**moreno (-a)** brunette, dark [57]**leña** firewood [58]**enfurecerse** to rage, get furious [59]**desnudar** to denude, make bare [60]**estéril** barren [61]**encantado (-a)** delighted, enchanted [62]**biznieto** great-grandson [63]**ruborizarse** to blush [64]**elogio** praise, compliment [65]**se me hace** it seems to me [66]**Has . . . padre** You must have less energy than your empty-headed father.

María Juana, que empezaba a dudar de la capacidad de su padre
para hacer negocios— pero ¿por qué piensa que yo no tengo energía?

—Tus ojos azules te denuncian, hijita.   Una persona con ojos
5 así, me parece que no es capaz sino de enamorarse y de llorar.

María Juana se echó a reír a carcajadas,[67] y el viejo varió el
tema.[68]

—¿Ves aquella abra[69] en las montañas?   Cuando el sol se
pone,[70] por esa abra pasa una gavilla[71] de rayos que van a caer
10 justamente sobre aquellas casas blancas.   ¿Las ves?

—Sí, tío.   Canteros, ¿no?[72]

—Canteros.   Y ese rayo de sol, en diciembre, va siguiendo el
lindero de mi campo.   Si se perdieran los mojones[73] y se quemaran
todos mis papeles, con ese rayo de sol podría medir de nuevo la
15 propiedad.

María Juana miró las cosas que le mostraba, y don Pedro Pablo
sacudió de nuevo la cabeza:

—¡No, no, hijita!   Con esos ojos azules no puedes tener energías para matar una mosca.[74]

V

20 Estaban a la mitad del segundo verano en Inti-Huasi.

La abuelita vivía atormentada por el reumatismo, sentada en un
sillón[75] mirando las gallinas; don Pedro Pablo, haciendo viajes al
pozo, cuando imaginaba que nadie lo veía, para visitar la
damajuana de aquel vino que estaba en el cañaveral, y tomar a su
25 gusto.

Y era María Juana la que, poco a poco, iba poniendo en orden
todas las cosas y haciéndolas rendir mejores productos.   Ella
mandaba recoger los huevos del gallinero,[76] y al anochecer[77] contaba las cabras,[78] que volvían a dormir en el corral.

---

[67]**a carcajadas** heartily (**carcajada** loud laughter)   [68]**variar el tema** to change
the subject   [69]**abra** mountain gap, gorge   [70]**cuando el sol se pone** when the sun
sets   [71]**gavilla** sheaf; **gavilla de rayos** beam of light   [72]**Canteros, ¿no?** (That is
the village of) Canteros, isn't it?   [73]**mojón** (*pl.* **mojones**) landmark   [74]**mosca** fly
[75]**sillón** easy chair   [76]**gallinero** chicken coop, house or yard   [77]**al anochecer** at
nightfall   [78]**cabra** goat

Un día, Tiburcio, el criado, entró en el comedor, con el sombrero en la mano, y contó lo que había oído en la villa, de donde volvía con su burro.

—Dicen que ha venido al pueblo don Roque Carpio.

5 El viejo Ontiveros levantó la cabeza con un vivo movimiento de curiosidad, y murmuró:

—¿Pero ya han pasado los veinte años? ¡Bendito sea Dios!

Y para explicar a sus huéspedes[79] su disgusto, dijo:

—Ese hombre vuelve del presidio.[80]   Mató a su mujer por 10 celos,[81] de tan mala manera que sólo porque era un caudillo político[82] muy querido no lo fusilaron.   ¡Qué buen mozo[83] era entonces!   No debía tener más de veintidós años, y se le creía capaz de tumbar[84] un toro bravo cogiéndolo por los cuernos.[85]

—¡Jesús nos ampare![86] —murmuró la vieja.

15 —No tenga miedo, señora.   Es noble en el fondo.[87]   Yo conocí a su padre.   Me debió algunos servicios, y él se ha de acordar.

Aquiles y Héctor se acostaron imaginándose aventuras en que tomaba parte aquel sombrío personaje.

Por los ojos azules de María Juana apenas pasó una leve sombra 20 del miedo de su abuela, pero tuvo en la memoria el nombre de Roque Carpio.

VI

En la noche del 20 de diciembre se oyó ladrar a los perros, hacia el corral donde se encerraban las cabras.

—¡Tal vez sea el león! —dijo doña Leopolda asomándose a la 25 puerta de su cuarto.

—Don Pedro Pablo dormía como un tronco sobre su colchón nuevo, y no se movió.   María Juana se levantó, y andando de puntillas[88] salió hasta el patio.

—No es tarde todavía —pensó, mirando las sombras que la luz

---

[79]**huésped** guest [80]**presidio** penitentiary, prison [81]**celos** jealousy [82]**caudillo político** political boss [83]**¡Qué buen mozo!** What a handsome lad! [84]**tumbar** to knock down [85]**cuerno** horn [86]**amparar** to protect (**amparo** protection) [87]**en el fondo** at heart [88]**de puntillas** on tiptoe

de la luna formaba en la tierra amarilla del patio.   Dio algunos
pasos, mas no logró saber por qué ladraban los perros.

VII

Aquella mañana, tres días antes de Navidad,[89] un hombre, que
parecía haber dormido bajo un árbol junto al arroyo, ensillaba
5 tranquilamente su caballo.

Era un hombre en el vigor de la edad,[90] con una barba negrísima
que le daba un aspecto inquietante, a pesar de que sus facciones[91]
eran finas y de que los detalles de su traje y de su montura no
revelaban nada sospechoso.   Las casas de don Pedro Pablo estaban
10 a unos doscientos metros de allí, y él miraba a menudo[92] hacia
ellas, viendo el humo de su hogar[93] levantarse en el aire, más allá[94]
del cañaveral.

Podía notarse su indecisión.   ¿Llegaría?   Se iría sin saludar al
dueño, a quién conoció años atrás?
15 —Este era un lugar bueno para bañarse en los días calurosos[95]
—pensó Roque Carpio, contemplando el arroyo.

Una marca en la arena[96] le llamó la atención.   Se acercó un poco
más y miró con curiosidad.

Era la huella[97] de un pie, una huella fina, nítidamente[98] impresa
20 en la arena.

—No es el pie de un niño —se dijo, —pero es un pie delicado;
es un pie de mujer.

Pareció conmovido,[99] como si aquella marca removiera sus sen-
timientos y sus memorias.
25 No podía apartar los ojos de la arena del arroyo, y no oyó el
ruido de unas cañas que se rompían, dando paso a un muchacho;
tampoco oyó el ruido de una piedra que, arrojada por el muchacho,
se perdió en el bosque.

Sólo cuando el muchacho estuvo cerca dejó de mirar la huella
30 del pie, y se acercó a su caballo.

---

[89] **Navidad** Christmas   [90] **en . . . edad** in the prime of life   [91] **facciones** features
[92] **a menudo** often   [93] **hogar** fireplace, hearth   [94] **más allá** beyond, farther on
[95] **caluroso (-a)** hot   [96] **arena** sand   [97] **huella** track   [98] **nítidamente** clearly
[99] **conmovido** stirred (with emotion)

Era Aquiles, que andaba persiguiendo loros, y que se le acercó sin miedo, sin imaginarse quién fuera.

—Buenos días, chico. ¿Son éstas las casas del viejo Ontiveros?

—Ésas son. ¿Qué se le ofrece?[1]

5 —Nada. Iba cruzando el camino, y como el caballo tenía sed, me acerqué al arroyo.

—Pero esto está cercado. ¿Cómo pudo entrar?

—Hay un portillo[2] en la cerca.[3]

—¡Ah! Es cierto —exclamó Aquiles. —¿Quién es usted?

10 Roque Carpio contestó con otra pregunta:

—¿Vive todavía don Pedro Pablo Ontiveros?

—Sí.

—Debe estar viejito.

—Así es.

15 —Yo lo conocí bien y fui su amigo.

Se callaron un instante. Roque Carpio volvió a mirar la huella de aquel pie y no fue capaz de dominar su curiosidad.

—¿Quién habrá pisado[4] ayer tarde en esta arena que ha dejado tan linda huella?

20 —Mi hermana se bañó aquí ayer tarde.

—¿El pie será de ella, entonces?

—Así parece.

—¡Lindo pie! —exclamó Roque Carpio. —Su hermana ¿qué viene a ser de don Pedro Pablo?[5]

25 —Sobrina nieta.

—El viejo, cuando yo lo conocí, no tenía más que un sobrino, Midas Ontiveros.

—Es mi padre.

—Será entonces muy joven la dueña de este pie.

30 —Veinte años dicen que tiene.

Roque Carpio se quedó pensativo, contemplando siempre la huella.

Se oyó de nuevo ruido de cañas, y apareció Héctor por el medio

---

[1] **¿Qué se le ofrece?** What do you wish? [2] **portillo** hole, opening, gate [3] **cerca** fence [4] **pisar** to step on, tread upon [5] **¿qué . . . Pablo?** What (relation) is she to don Pedro Pablo?

del cañaveral, porque aquellos bandidos no sabían andar sino por donde no había caminos, para mejor sorprender a los pájaros.

El ex presidiario⁶ montó a caballo y dijo:

—Más tarde pasaré a visitar a don Pedro Pablo. ¿Quieren de-
5 cirle, chicos, que Roque Carpio le manda saludos⁷?

Aquiles y Héctor casi se cayeron de espaldas. Esperaron hasta que la figura de aquel hombre desapareciera, y corrieron a las casas con la noticia.

VIII

Dos días después, la víspera de Navidad,⁸ los habitantes de la
10 Sierra Alta, que descendían hacia Canteros para oír la misa del gallo⁹ a la media noche, vieron en el camino las huellas de un caballo herrado,¹⁰ y pensaron que el que andaba en él¹¹ no era de esos lugares, donde nadie se atreve a andar sino en mulas o en caballos sin herrar,¹² para que no se resbalen.¹³

15   —¡Va solo! —se dijeron los paisanos. —¿Cómo se habrá animado a llegar hasta aquí sin un guía?¹⁴

Y se lo imaginaban perdido en aquel desierto de piedras amari-llas, donde no se oye nada más que el ruido del viento, y de cuando en cuando el grito de algún animal hambriento.¹⁵

20   Pensaban también que no tardarían en ver que los cóndores volaban en círculos, señal de que había un cadáver. Podía ser el hombre del caballo herrado, muerto de hambre en las soledades de la sierra.

Se equivocaban, sin embargo, porque Roque Carpio conocía
25 perfectamente los senderos¹⁶ de aquellas sierras, y en el tiempo de neblinas,¹⁷ cuando el sol no se ve ni hay manera de encontrar los senderos borrados, sabía caminar por las montañas sin perderse.

Los veinte años pasados en la prisión no le habían hecho perder

---

⁶**presidiario** convict ⁷**saludos** greetings ⁸**la víspera de Navidad** Christmas Eve ⁹**misa del gallo** midnight Mass ¹⁰**herrado (-a)** shod; **herrar** to shoe a horse ¹¹**el que andaba en él** the person who was riding it ¹²**sin herrar** unshod ¹³**resbalarse** to slip, skid ¹⁴**¿Cómo . . . guía?** How do you suppose he dared come this far without a guide? ¹⁵**hambriento** hungry, starved ¹⁶**sendero** path ¹⁷**neblina** fog, mist

la memoria, y si montaba un caballo no nacido en aquellos lugares, era porque no tenía otro, y no habría podido obtenerlo sin explicaciones.

Su intención fue cruzar la sierra para llegar a la pampa de San
5 Luis, leguas y leguas de pastos, buenos para criar ovejas.[18]
Llenó sus alforjas[19] de víveres y partió la noche del mismo día que visitó a don Pedro Pablo.

Cuando anunció su visita, no lo esperó el dueño de la casa en la sala, ni siquiera en el corredor.   Pusieron dos sillas a la sombra de
10 la higuera y allí lo recibió, como si se tratara de alejarlo[20] de la familia.

Roque Carpio notó el desdén[21] del viejo amigo de su padre, y no lo creyó injusto, porque un hombre que ha pasado veinte años en presidio no tiene derecho[22] a ser recibido con los brazos abiertos.
15   Pero le dolió.[23]   Había ido como empujado por una fuerza superior, con la ilusión de conocer a la que había dejado la huella en la arena del arroyo.

¿Cómo entró esa loca idea en su cabeza?   Era su destino, seguramente, enamorarse de un modo incomprensible para los
20 otros hombres.   Así fue antes.   Así volvía a ser ahora.

Poco faltó para que terminara su visita[24] sin lograr al propósito que lo llevó a la casa de Ontiveros.   Mas el viejo notó que su visitante parecía resentido, y quiso halagarlo[25] ofreciéndole algunos higos, y llamó a María Juana, que los trajo en un plato.
25 Roque Carpio tuvo necesidad de apelar a toda su energía para no denotar la emoción que le produjo la vista de aquella muchacha.

Ella se alejó al momento, sin mirarlo, y él quedó envenenado para siempre con una pasión tan fuerte como la muerte.
30   —Me desprecian —se dijo al montar a caballo para no volver más a la casa de Ontiveros. —Y, sin embargo, si yo quisiera venir una noche, cuando el padre anda en el pueblo y el viejo duerme . . . ¿quién la defendería?   ¿Sus perros?   Me han dejado anoche

---

[18]**ovejas** sheep   [19]**alforjas** saddlebags   [20]**alejar** to remove, keep away from (**lejos** far)   [21]**desdén** disdain, contempt   [22]**derecho** right;   **no tiene derecho a ser** does not have the right to be   [23]**doler** to hurt   [24]**poco . . . visita** he almost finished his visit   [25]**halagar** to gratify, flatter

dormir junto al corral de las cabras, y si quisiera entrar no ladra-
rían. Y ella, ¿qué podría decirme? Tiene ojos azules, como los de
la Virgen. Se desmayaría no bien la tocara,²⁶ y yo podría llevarla
donde nadie nos encontraría nunca. ¿Quién conoce mejor que
5 yo los caminos de la sierra?

Al alejarse de Inti-Huasi se fue debilitando²⁷ la tentación. ¡Qué
locura! A los cuarenta años, con la amarga²⁸ experiencia de lo que
cuesta un solo momento de extravío,²⁹ no debía proceder como un
muchacho. Esa era la clara verdad, y puesto que en los pueblos lo
10 aislaban,³⁰ buscaría otros lugares donde ganarse la vida.

La soledad sería buena amiga de su alma oscura, hecha al des-
tierro.³¹

Dio de comer a su caballo, mientras llenaba sus alforjas de víveres y tomaba en el último almacén³² del pueblo un vaso de vino.

15 Cuando iba a salir del almacén, un hombre entró, y él se quedó,
retenido por la curiosidad, hasta que supo que era Midas Ontiveros, y lo vio tomar un vaso de vino igual al suyo, ni más ni
menos³³ que los otros paisanos.

¿Por qué, pues, se creían con derecho a recibirle debajo de la
20 higuera en aquella casa donde fue como amigo?

Recogió sus alforjas, ensilló su caballo y salió, sin dar a nadie
noticias de su destino.

En dos días de buena marcha hubiera podido llegar al sitio que
imaginaba bueno para quedarse, criando ovejas, sin miedo al de-
25 sierto, pero a medida que³⁴ se alejaba se debilitaba su propósito.

Caminó por senderos poco conocidos, buscando las quebradas,³⁵
donde hallaría un poco de pasto para su caballo. A la hora en que
el sol de diciembre estaba más alto, comió y descansó un poco.
Por la noche durmió en las cuevas de los animales. De modo que
30 no encontró a nadie en su marcha, pero estuvo más solo con sus
pensamientos y la tentación.

---

²⁶desmayarse to pass out, faint; Se . . . tocara She'd faint the minute I'd touch
her ²⁷debilitarse to weaken; se fue debilitando la tentación his temptation
was getting weak ²⁸amargo (-a) bitter ²⁹extravío misconduct ³⁰aislar to isolate, place apart; lo aislaban they avoided him ³¹destierro banishment, exile;
hecha al destierro accustomed to exile ³²almacén store ³³ni . . . menos just
like ³⁴a medida que as, in proportion as ³⁵quebrada ravine

¡Cosa increíble! Apenas conocía la voz de aquella muchacha, apenas la había visto junto al viejo, trayéndole un plato lleno de higos.   Y si la viera de nuevo, no la reconocería, porque en su memoria no había quedado nada de ella, nada, sino la luz cobarde[36]
5 de sus ojos azules que no querían mirarlo.   Solamente conocía bien la huella de su pie.   Se estremecía[37] al acordarse de aquella marca en la arena, y su sangre impetuosa hinchaba su corazón como un torrente.   ¿Para qué le servía su fuerza?

Había en la sierra quebradas perdidas en el desierto de piedra,
10 adonde no llegaban los hombres en busca de sus animales.   Allí un hombre valiente podía vivir diez años sin que nadie turbara su paz. ¿Cuánto tiempo necesitaría para hacerse amar de una mujer que no tuviera otro amparo que su brazo, ni otra casa que la que él le hiciera en la quebrada?
15 Al tercer día se volvió, azotado[38] por aquellos pensamientos.

IX

Don Pedro Pablo pasó la tarde lavando con el agua de su pozo unas cuantas damajuanas que había tenido llenas de vino, y que ahora estaban vacías.

Midas lo ayudaba humildemente, no sólo porque eso era lo justo,
20 ya que[39] le había ayudado a vaciarlas, sino también porque andaba empeñado en[40] un negocio que, según sus cálculos, iba a resultar en mucho oro, con tal que[41] el viejo le ayudara con un poco de dinero para empezar.

Don Pedro Pablo se hacía sordo[42] a los números, y volvía a su
25 tema:

—Un amigo mío me va a vender vino, si hoy mismo[43] le llevo las damajuanas.   Esta noche iremos a la misa del gallo con la familia, y aprovecharemos el viaje para llevar las damajuanas en los burros.

El viejo estaba alegre, con la perspectiva de comprar el vino un
30 poco más barato.[44]   Después de cenar[45] mandó ensillar[46] los

---

[36]**cobarde** timid [37]**estremecerse** to shiver, shudder [38]**azotado** whipped [39]**ya que** since [40]**andaba empeñado en** was bent on [41]**con tal que** provided [42]**sordo** deaf; **hacerse sordo** to turn a deaf ear, pretend not to hear [43]**hoy mismo** this very day [44]**barato** cheap [45]**cenar** to eat supper [46]**ensillar** to saddle

caballos para ellos, los dos sobrinos y María Juana, y preparar los burros con las damajuanas.

La señora Claudia se quedó rezando[47] en la casa, esperando la luna, acompañada de doña Leopolda.

5 —No me acostaré hasta que vuelvas —dijo a su nieta. —La noche será clara, aunque la luna saldrá tarde.

En el camino encontraron muchos grupos de paisanos que iban al pueblo. No era posible reconocerlos en la oscuridad, y los saludaban sin nombrarlos.[48]

10 La misa fue alegre, especialmente para María Juana, que tenía el espíritu infantil[49] y a la vez religioso.

Cuando salió de la iglesia no halló en la plaza más que su caballo y los de sus hermanos.

Un viejo se le acercó y le dijo:

15 —Me encargó don Pedro Pablo que le dijera que podía volver sola, ya que conoce el camino, porque él iba con los burros y don Midas hasta la tienda de su amigo para comprar el vino.

María Juana vaciló un momento, pero al considerar las muchas personas que irían con ella por el camino, bajo una luna clara, 20 montó en su caballo y partió al galope,[50] acompañada de los muchachos.

Su abuela no se acostaría hasta que ella volviera. Quién sabe lo que su padre y su tío tardarían.

María Juana pensaba con tristeza que su padre iba perdiendo día 25 a día su dignidad. Más de una vez había vuelto del pueblo al alba,[51] y se había metido en la cama para dormir hasta después de la siesta.

Un hombre, desde la sombra de las acacias vio salir a María Juana y no tuvo necesidad de acercarse para escuchar lo que el 30 paisano le decía; ya lo sabía.

Así que[52] ella partió, montó él a caballo y salió al trote. En una quebrada, donde había un bosque, se apeó y con su cuchillo le quitó las herraduras[53] a su caballo. Como buen criollo[54] había

---

[47] **rezar** to say prayers   [48] **los saludaban sin nombrarlos** they greeted them without mentioning their names   [49] **infantil** childlike   [50] **galope** gallop; **al galope** hurriedly   [51] **al alba** at dawn   [52] **así que** as soon as   [53] **herradura** horseshoe   [54] **criollo** Creole, native

pensado ya que un rastreador[55] podía seguirlo en la sierra, a causa de que su rastro era distinto de los demás.

Y volvió a montar.

X

María Juana llegó a Inti-Huasi sola con los muchachos. La abuela
5 exclamó al verlos:

—¡Gracias a Dios! No dejaba de estar inquieta. Pero ellos, ¿se han quedado?

Contó María Juana lo ocurrido, mientras quitaba las monturas a los caballos.

10 Aquiles y Héctor se fueron a su cuarto, que estaba separado de los cuartos donde dormían los mayores.[56] Doña Leopolda se había retirado antes, y María Juana, que se caía de sueño,[57] refería sin ganas a doña Claudia lo que vio en la iglesia.

Se acostaron luego las dos, y para que tío y sobrino pudieran
15 entrar cuando llegaran, la joven no atrancó por dentro[58] la puerta de su cuarto, sino que la dejó entornada[59] y apuntalada con el travesaño.[60]

La luna se filtraba por aquella abertura,[61] pintando en el piso del cuarto una estrecha[62] banda que iba cambiando de posición.

20 La niña se durmió, pero los ojos de la abuela no se apartaron de aquella banda luminosa.

Todos los rumores de una noche clara y serena llegaban a ella por la abertura de la puerta. Estaba inquieta y no hubiera sabido explicar por qué.

25 De pronto, en el campo abierto, resonó el agrio[63] chillido[64] de una lechuza.[65]

La vieja aguzó el oído.[66]

—Son ellos, que vuelven —murmuró.

---

[55] **rastreador (-a)** tracker [56] **los mayores** the grown-ups, the adults [57] **caerse de sueño** to be overcome with sleep [58] **atrancar por dentro** to bolt from the inside [59] **entornado (-a)** ajar, slightly open [60] **apuntalada con el travesaño** propped with the crossbar [61] **abertura** opening [62] **estrecho (-a)** narrow [63] **agrio** sour, disagreeable [64] **chillido** shriek [65] **lechuza** screech owl [66] **aguzar el oído** to prick up one's ear(s)

Casi en seguida ladraron los dos perritos que no habían querido seguir a don Pedro Pablo.

—Sí, son ellos —repitió la señora Claudia, y aguzó más el oído, esperando oír el ruido de los burros que llegaban al trote.   Pero no
5 oyó más que el ladrido de los perros, y, de pronto, el quejido de uno de ellos, que calló.

—Alguien ha errado el camino[67] —se dijo la vieja,— pero ¿por qué se han callado los dos perros?

De pronto se apagó en el suelo del cuarto la banda de luz que
10 entraba por la abertura de la puerta.

—Es una nube que pasa —dijo la vieja, levantándose,— o es alguien que se ha dentenido frente a la puerta.

La vieja se acercó a la cama de su nieta, y la halló despierta, con el corazón agitado.

15 —¿Ha sentido, mamita?   Se han callado los perros, pero uno se está quejando.

Se sintió distintamente el rumor de una mano que trataba de quitar el travesaño.

—¡Jesús nos ampare! —exclamó la muchacha, saltando de la
20 cama. —¡Cerremos la puerta, mamita!

Y se echó sobre la puerta con tal violencia que la mano, introducida por alguien, se retiró; se oyó un quejido y luego una voz que trataba de ser amable:

—¡Abra, niña!   No me tenga miedo.   Ahí vienen su papá y su
25 tío.

Reconoció María Juana la voz de Roque Carpio, y se apoyó con todo el cuerpo sobre la puerta.   En cuanto ella lograra cerrarla y meter una cuña[68] en un agujero que había a propósito en el umbral, no existiría fuerza humana que pudiera abrirla.

30 No retiró el travesaño que en ese momento servía de puntal,[69] y dijo con voz tranquila:

—Mamita, déme la cuña y ayúdeme a cerrar.

Se oyó una risa irónica.

—Pero no tenga miedo, niña, y ábreme.

---

[67]**errar el camino** to take the wrong road   [68]**cuña** wedge   [69]**puntal** prop, support

La abuela, más muerta que viva, se arrastró, y dio a la niña una gruesa cuña de madera.[70]

—Si puedo meterla en el agujero —pensó María Juana— nos habremos salvado.

5 Empujó con más fuerza, pero la puerta obedecía[71] cuando Carpio se aboyaba con fuerza en ella.

Oyó de nuevo su risa de hombre que está seguro de vencer, pero que guarda la violencia para el último extremo.

—¡Pero no se canse, niña! ¡Si es inútil! Con un solo dedo la 10 puedo vencer. ¡Mire!

La abuela dio un grito de terror, porque de nuevo entró en la pieza[72] el rayo de luna.

Se despertaron en eso[73] los muchachos y comenzaron a llorar, y su llanto[74] se juntó[75] al de doña Leopolda, que, comprendiendo 15 que los asaltaban, se defendía en su cuarto.

Eso puso de mal humor a Roque Carpio, que hizo un potente esfuerzo y metió el pie en la abertura de la puerta.

María Juana se echó con desesperación sobre el puntal y lo clavó tan fuertemente en el piso de tierra, que pudo resistir un violento 20 empujón del ex presidiario.

—¡Canejo con la muchacha![76]—murmuró entre dientes.[77]

—¡Ábrame la puerta, o entro por la ventana!

La pobre muchacha tuvo un instante de desaliento[78] al ver entornada aquella ventana, que no tenía más reja[79] que unos débiles 25 barrotes[80] de madera.

Su salvación estaba, no sólo en impedir que la puerta cediera, sino también en evitar que el bandido retirase el pie.

Tenía que mantenerlo preso.[81] Echóse con todas sus fuerzas sobre el puntal y oyó que el gaucho empezaba a quejarse de dolor y 30 trataba de librar el pie.

La vieja rezaba, hincada,[82] con los brazos en cruz.

---

[70]**madera** wood [71]**obedecer** to obey, give [72]**pieza** room [73]**en eso** at that moment [74]**llanto** crying, weeping [75]**juntarse a** to join [76]**¡Canejo con la muchacha!** Great guns, that girl! [77]**murmurar entre dientes** to mumble, mutter [78]**desaliento** discouragement [79]**reja** grating [80]**barrote** bar [81]**mantener preso (-a)** to keep prisoner (She had to prevent him from going away.) [82]**hincado (-a)** kneeling

—¡Mamita! —le dijo en voz baja María Juana. —¿No tiene un
arma?

—Nada, hijita.

—¿Ni un cuchillo?

5   —Cuchillo de mesa, hija. ¡Santo Dios!

—Mamita: déme las tijeras.[83] Venga, échese contra el puntal.
Si pudiéramos meter la cuña en ese agujero del umbral, usted sola
podría sostenerlo mientras yo hacía otra cosa.

Se acercó temblando doña Claudia, entregó las tijeras a María
10 Juana y cayó como un cuerpo muerto sobre el puntal.

—¡Un poco más, un poco más, mamita!

Roque Carpio sufrió un horrible dolor en el pie, triturado[84] por
la firmísima puerta, y dio tan tremendo empujón que la sacudió,
pero sin lograr que cediera.

15   —¡Ábrame, canejo! —exclamó con ira, y en ese mismo instante
sintió que una hoja agudísima[85] se le hundía en el pie.

Lanzó un espantoso rugido y empezó a luchar desesperadamente por abrir la puerta, para librar el pie que María Juana
le estaba hiriendo con las tijeras. Pero la puerta era como un
20 tornillo[86] de hierro que perecía apretarse[87] más conforme[88] se le
iba hinchando el pie y llenándosele de sangre la bota.

A cada blasfemia de él, acompañada de empujones que sacudían
hasta el techo de la pieza, María Juana daba una puñalada en aquel
pie y contestaba en voz alta y firme a los rezos de la abuela.

25   —¡Señor, a mi socorro[89] pronto atiende!

—¡Santo, santo, santo, Señor Dios de los ejércitos!

Ya no se oía el llanto de los muchachos y doña Leopolda,
apagado por los rugidos de león del bandido martirizado[90] de tan
espantoza manera. Y eso duró toda la noche.

30   Ni don Pedro Pablo ni Midas volvían.

Habían dejado los caballos a la entrada del almacén, cuidados
por Tiburcio, el peón, y bebían copa[91] tras copa. El uno, sin

---

[83]**tijeras** scissors [84]**triturado (-a)** crushed [85]**una hoja agudísima** a very sharp
blade [86]**tornillo** vice, clamp [87]**apretarse** to be very tight [88]**conforme** according to, in proportion to [89]**socorro** help, aid, assistance [90]**martirizado (-a)**
tortured [91]**copa** glass, goblet

apartarse de su costumbre, bebía vino; el otro, de cuanto[92] bebían
los demás paisanos;[93] que lo estimulaban oyendo con una atención
no exenta de ironía sus magnos proyectos.

   El alba tendió una bandera de púrpura[94] sobre le negra mon-
5 taña.

   Hacía largo rato ya que Roque Carpio había dejado de lamen-
tarse.   Su cuerpo yacía[95] junto al umbral cubierto de sangre.   Y
todavía su pie estaba metido en la abertura de aquella puerta.

                              XI

   Cuando, ya de día, llegaron a Inti-Huasi los burros cargados de
10 damajuanas y tras ellos los dos Ontiveros, echado el sombrero
sobre los ojos para ocultar[96] la borrachera,[97] Tiburcio, con su vista
de campesino, exclamó:

   —¡Allá, bajo la higuera, está el caballo de don Roque Carpio!

   Despertó el viejo y se apresuró, y junto con él galopó Midas.
15 Viendo aquel cuerpo frente a la puerta del cuarto de María Juana,
se miraron con pavor.[98]

   Al rumor de los caballos salió Leopolda y luego los muchachos,
y, por fin, se abrió la invencible puerta, apareciendo María Juana,
ojerosa[99] y amarilla, como quien no ha dormido; pero sañuda al ver
20 a los dos hombres que la habían abandonado.

   La abuela yacía desvanecida[1] al pie de la cama, y en un charco[2]
de sangre estaban las tijeras abiertas.

                           * * *

   Tiempos después, una tarde, don Pedro Pablo cruzaba la plaza
frente a la iglesia de Canteros.   El cura, que cortaba las granadas[3]
25 en el jardín de la casa parroquial, lo llamó.

   —Justamente había pensado ir a su casa hoy.

   —Mi casa y todo lo mío es suyo, señor cura.   ¿En qué quiere
que yo lo sirva?

---

[92] **de cuanto** of as many things as   [93] **paisano** fellow countryman, peasant
[94] **púrpura** crimson   [95] **yacer** to lie   [96] **ocultar** to hide   [97] **borrachera** drunkenness   [98] **pavor** terror, dread   [99] **ojeroso (-a)** with dark circles under the eyes
[1] **desvanecido (-a)** faint, in a faint   [2] **charco** pool, puddle   [3] **granada** pomegranate

—Un mozo ha visto a María Juana en la misa de los domingos y
se ha enamorado de sus ojos azules, y me atormenta porque vaya a
presentarlo a ustedes.

—¡Hum! —hizo el viejo. —¿Se ha enamorado de sus ojos
5 azules? Y ¿qué piensa él que hay detrás de esos ojos? ¿Pensará lo
mismo que yo pensé? ¿Le ha contado la aventura de Roque Carpio?

—Se la he contado.

—Pues desde ese día ella manda en casa. Vale más que todos
10 nosotros juntos y las cosas van mejor.

—También lo sabía y se lo he dicho.

—Entonces, puede llevarlo cuando quiera.

—Mañana iremos.

—Está bien, señor cura. Le diré a ella que temprano corte los
15 últimos higos de la higuera y haga unos quesos.⁴ Yo pondré a
refrescar un vino que compré durante la Navidad.

El cura, que reprobaba el vicio de don Pedro Pablo,⁵ lo miró
severamente. El viejo bajó la cabeza y dijo:

—Si yo hubiera encontrado hace muchos años una mujercita
20 como ésa, hoy tendría biznietos . . . y no sería lo que soy.

El cura escogió las más hermosas granadas, llenó una canasta⁶ y se
la dio a Ontiveros.

—Llévesela en nombre del que mañana irá conmigo.

Y don Pedro Pablo, alegre con la noticia, partió al galope en su
25 caballo.

EXERCISES

I–IV

A. *Reading Comprehension*

*Select the word or phrase that best completes each statement according to
the story.*

---

⁴**queso** cheese (**de higos** fig paste) ⁵**el vicio . . . Pedro** Don Pedro's addiction
to wine ⁶**canasta** basket

1. Midas Ontiveros estaba . . . porque se había quedado sin empleo.
   a. triste. b. preocupado. c. contento.
2. ¿Por qué se emocionó Midas cuando llegó al "establecimiento"?
   a. Porque vio que su querido tío estaba muy viejo.
   b. Porque se apeó bajo la sombra de la higuera.
   c. Porque iba a poner sus ideas en contacto con la realidad.
3. ¿Qué tenía el tío dentro del pozo?
   a. una caña. b. una damajuana. c. una cosecha.
4. Midas había traído . . . de la ciudad.
   a. un traje de gaucho. b. una botella de vino. c. unas alpargatas.
5. ¿Qué era lo primero que María Juana hacía por la mañana?
   a. Sacaba los pájaros de las jaulas.
   b. Recogía los higos de la higuera.
   c. Besaba la mano de su tío.
6. ¿Por qué Pedro Pablo piensa que María Juana tal vez pueda administrar la estancia?
   a. Porque ha puesto en orden su casa.
   b. Porque anda pensando en negocios.
   c. Porque se levanta temprano.
7. ¿Por qué cambia de opinión?
   a. Porque habla con personas que no conoce.
   b. Porque cree que sólo es capaz de llorar y enamorarse.
   c. Porque es una cabeza hueca como su padre.

Change the statements that are incorrect to make them agree with the story.

1. María Juana, Midas y la familia entraron por un agujero en el techo de la casa de Pedro Pablo.
2. María Juana acababa de cumplir quince años.
3. María Juana pensaba que Inti-Huasi iba a ser desagradable y caliente.
4. Pedro Pablo estaba muy interesado en los negocios que le propuso su sobrino.
5. El primer negocio de Midas tuvo mucho éxito.
6. La industria de la leña había hecho los campos más pobres.

B. *Vocabulary*

Select the word or expression in column B that is opposite in meaning to each term in column A.

	A		B
1.	___ sin	a.	siempre
2.	___ nunca	b.	campo
3.	___ casado	c.	mayor
4.	___ alguno	d.	con
5.	___ ciudad	e.	joven
6.	___ menor	f.	cabeza hueca
7.	___ algo	g.	viudo
8.	___ viejo	h.	ninguno
9.	___ adentro	i.	nada
10.	___ cuerdo	j.	afuera

Select the letter corresponding to the most logical completion for each sentence.

1. ___ El hombre que pierde su esposa es un
   a. cuarentón. b. solitario. c. viudo. d. suegro.
2. ___ La madre de la esposa es la . . . del esposo.
   a. suegra. b. hermana. c. vieja. d. suegro.
3. ___ Los hijos de mis nietos son mis
   a. bisabuelos. b. sobrinos. c. biznietos. d. primos.
4. ___ Canteros es un
   a. campo. b. pueblo. c. lindero. d. bandido.
5. ___ Una persona que no tiene energías para matar una mosca es una persona
   a. fuerte. b. valiente. c. enérgica. d. débil.

C. The Future Tense

As in English, the future tense is used in Spanish to express an action that is to occur some time after the present. Remember that the endings— **-é, -ás, -á, -emos, -án**—are attached to the infinitive of regular verbs. The following verbs have irregular stems: **decir–dir-; hacer–har-; poder–podr-; poner–pondr-; querer–querr-; saber–sabr-; salir–saldr-; tener–tendr-; venir–vendr.**

Complete the following sentences with the appropriate form of the future tense of the indicated verb.

1. No (tú—estar) ___ con tanto lujo aquí como en la villa.
2. Nos (ir) ___ al campo a casa del tío Ontiveros.
3. ¡(Tú—ver) ___ qué vino!

4. Creo que (ella—salir) ＿＿＿ a coger más higos.
5. María Juana (ser) ＿＿＿ una buena administradora.
6. Roque Carpio (venir) ＿＿＿ esta noche.
7. Los nietos no (decir) ＿＿＿ la verdad.

In Spanish the future tense may also be used to express probability in the present.

Rewrite the following sentences using the future tense to express doubt or probability.

> EXAMPLE: ¿Qué hora es?
> ¿Qué hora **será**?

1. En la casa las mujeres andan de un lado a otro.
2. ¿Qué edad tiene María Juana?
3. ¿No te importa beber sin vaso?
4. ¿Eres capaz de hacer las cosas que pienso?
5. Los muchachos andan por el corral.
6. Es muy joven entonces la dueña de este pie.
7. ¿Dónde están los higos maduros que dejé aquí?

After each statement, make a conjecture based on the cue.

> EXAMPLE: Midas no tiene éxito en los negocios. (no es muy inteligente)
> No **será** muy inteligente.

1. Toma mucho vino. (está muy triste)
2. Los muchachos andan jugando en los corrales. (no tienen nada que hacer)
3. La abuela no quiere levantarse temprano. (está enferma)
4. Roque Carpio quiere llevarse a María Juana. (no tiene escrúpulos)

D. *Comparisons*

In forming irregular comparatives and superlatives, remember that the adjectives **bueno, malo, pequeño,** and **grande** have irregular forms:

bueno / mejor   pequeño / menor
malo / peor   grande / mayor

Mayor and **menor** denote age, while **grande** and **pequeño** convey size.

Complete the following sentences with the appropriate irregular comparative or superlative.

1. Roque Carpio es el (worst) _____ hombre de esa región.
2. Midas tenía dos hijos (younger) _____.
3. Aquiles tenía seis años. Héctor tenía siete. Héctor era _____ que Aquiles.
4. María Juana recogía los (best) _____ higos en un plato y se los llevaba a su abuela.
5. La hija era (better) _____ que el padre.
6. María Juana era la (oldest) _____ de la familia.
7. Aquiles era el más (smallest) _____ de todos.
8. Héctor era más (bigger) _____ que Aquiles.

Comparisons of inequality are used to indicate that two items being compared have unequal characteristics. The pattern in Spanish is **más** (or **menos**) + *adjective or noun* + **que.**

Combine the following sets of sentences using the first sentence as your source of comparison.

    EXAMPLE: Héctor es guapo. Aquiles es feo.
    Héctor es más guapo que Aquiles.

1. María Juana es muy cuerda. Su padre es muy cabeza hueca.
2. Don Pedro Pablo tiene mucha tierra. Midas no tiene nada.
3. Midas toma dos copas de vino. Don Pedro Pablo toma ocho.
4. María Juana recoge una docena de higos. Su hermano recoge sólo diez.

E. *The Absolute Superlative*

Remember that to form the absolute superlative, drop the final vowel of the adjective and add **-ísimo, -ísima, -ísimos,** or **-ísimas.** The absolute superlative means *most* or *very* and indicates the extreme in any category.

Rewrite the following sentences according to the model.

    EXAMPLE: Ella es *bella.*
    Ella es **bellísima.**

1. La barba de Roque Carpio es *negra*.
2. Tenía una montura *lujosa*.
3. Sufrió un horrible dolor en el pie, triturado por la *firme* puerta.
4. También sintió que una hoja *aguda* se la hundía en el pie.
5. Ese lugar donde la llevó su tío era muy *alto*.
6. María Juana estaba *linda*.
7. El cañaveral era *muy fresco*.
8. María Juana tenía unos ojos *muy puros*.

V–VIII

A. *Reading Comprehension*

Select the word or phrase that best completes each statement according to the story.

1. Roque Carpio volvía . . .
   a. del presidio. b. del pueblo. c. del servicio.
2. ¿Qué vio en la arena?
   a. un arroyo. b. una huella. c. un pie.
3. ¿Por qué pensaron los habitantes del pueblo que había un extranjero por esos lugares? Porque vieron . . .
   a. las huellas de una mula.
   b. las huellas de un caballo herrado.
   c. las huellas de un caballo sin herrar.
4. ¿Qué intenciones tenía Roque Carpio cuando salió de la cárcel?
   a. criar ovejas. b. matar a su mujer. c. visitar a María Juana.
5. ¿Cuál era su destino?
   a. Ser empujado por una fuerza superior.
   b. Conocer a la que había dejado la huella.
   c. Enamorarse de un modo incomprensible.
6. ¿Cómo quiso Pedro Pablo halagar a Roque Carpio?
   a. Llamando a su nieta.
   b. Ofreciéndole algunos higos.
   c. Recibiéndolo con los brazos abiertos.
7. ¿Qué planes tenía Roque Carpio?
   a. Buscar otro lugar donde vivir.
   b. Enamorarse de María Juana.
   c. Casarse con la nieta de Pedro Pablo.
8. ¿Por qué cambió sus planes?
   a. Porque Midas Ontiveros lo había ofendido.
   b. Porque María Juana le había traído un plato lleno de higos.
   c. Porque la tentación había sido más fuerte que él.

9. En su memoria sólo había quedado . . .
   a. la voz de María Juana.
   b. la huella de su pie en la arena.
   c. la luz tímida de sus ojos.

B. *Vocabulary*

Select the words needed to complete the following paragraph correctly from the list below.

> quebradas, sus, hacerse, otra, conocía, de, podía, mujer, él, los, que, amparo, valiente

Había en la sierra _____ perdidas en el desierto _____ piedra, adonde no llegaban _____ hombres en busca de _____ animales. Allí un hombre valiente _____ vivir diez años sin _____ nadie turbara su paz. ¿Cuánto tiempo necesitaría para _____ amar de una _____ que no tuviera otro _____ que su brazo, ni _____ casa que la que _____ le hiciera en la quebrada?

Write the noun, adjective or verb contained in each of the following words.

> EXAMPLE: reumatismo
> **reuma**

1. incomprensible	7. sorprender
2. damajuana	8. ex presidiario
3. cañaveral	9. desaparecer
4. personaje	10. soledades
5. conmovido	11. resentido
6. biznieto	12. paisanos

C. *Commands*

Answer the following questions with affirmative formal commands.

> EXAMPLE: ¿Entro?
> **—Sí, entre Ud.**

1. ¿Abro?	6. ¿Me caso?
2. ¿Le abro a Ud.?	7. ¿Me echo contra él?
3. ¿Se la doy a ella?	8. ¿La atiendo?
4. ¿La cierro?	9. ¿La ayudo a Ud.?
5. ¿Traigo los higos?	10. ¿Se la llevo?

To express the idea of *let's*, use the first person plural form of the subjunctive.   The only exception is the affirmative **Vamos** (*let's go*).

Give the Spanish equivalent of the following sentences.

    EXAMPLE: Let's eat.
        Comamos.

1. Let's close the door.
2. Let's try that wine.
3. Let's give it to him.
4. Let's tell it.
5. Let's go.

The idea of *let's* can also be expressed by using **vamos a** + *infinitive*.

Give the Spanish equivalent of the following sentences.

    EXAMPLE: Let's eat.
        Vamos a comer.

1. Let's help her with the door.
2. Let's listen.
3. Let's go to bed.
4. Let's go shopping with her mother-in-law.

D. *The Use of the Conditional*

The conditional is used in Spanish to express (1) an action in the future as viewed from a time in the past, (2) courtesy, and (3) probability in the past.   The endings for the conditional are **-ía, -ías, -ía, -íamos, -ían.**   Verbs that have irregular stems in the future tense (see Section C for Chapters I–IV) use the same stems in the conditional.

Complete the following sentences with the appropriate form of the conditional tense of the indicated verb.

1. El me dijo que (ir) ____ mañana al cañaveral.
2. Mi padre nos dijo que no (haber) ____ sido difícil hacer un agujero en el techo de paja de la casa del tío.

3. Mejor (ser) ____ que se ocupara de otras cosas.
4. Puesto que lo aislaban en el pueblo, (buscar) ____ otro lugar donde ganarse la vida.
5. La soledad (ser) ____ buena amiga de su alma oscura, hecha al destierro.
6. Estaba seguro que el negocio (resultar) ____ en mucho oro.

Rewrite the following sentences using the conditional tense to express probability in the past.

> EXAMPLE: ¿Qué hora era cuando llegó?
> ¿Qué hora **sería** cuando llegó?

1. Se fue sin saludar al dueño.
2. ¿Llegó hasta la casa?
3. ¿Por qué no ladraron los perros?
4. ¿Cuánto tiempo necesitó para hacerse amar de esa mujer?

Rewrite the following sentences using the conditional tense to express a certain degree of courtesy.

> EXAMPLE: Yo no hago eso.
> Yo no **haría** eso.

1. ¿Quieres vivir en la sierra conmigo?
2. ¿Me permites bailar contigo en la fiesta?
3. Yo no le digo eso.   No me parece prudente.
4. ¿Viene Ud. a mi casa?
5. ¿No puede Ud. ayudarme un poco?

E. *The Present Participle*

Remember that reflexive and object pronouns must follow and be attached to the present participle.   When pronouns are attached, an accent is required so that the same syllable is stressed in the participle as in the infinitive.

Supply the present participle of the verbs indicated in parentheses, placing the pronouns in their proper position.

> EXAMPLE: Será una felicidad que le caigamos en su casa, aunque sea (le—hacer) ____ un hueco en el techo.
> Será una felicidad que le caigamos en su casa, aunque sea **haciéndole** un hueco en el techo.

1. Pedro Pablo Ontiveros le había escrito a Midas (lo—invitar) ＿＿ a pasar el verano en Inti-Huasi.
2. ¡Ven! —le dijo el tío al sobrino, (le—hacer) ＿＿ una guiñada inteligente.
3. Midas había comprado en la ciudad un traje de gaucho completo, (lo—creer) ＿＿ más adecuado para el campo.
4. Don Pedro culpaba la industria de la leña por haber desnudado los montes de la región, (la—volver) ＿＿ más pobre y estéril.
5. María Juana iba poniendo poco a poco las cosas en orden, (las—hacer) ＿＿ rendir mejores productos.
6. Roque Carpio era capaz de tumbar un toro bravo (lo—coger) ＿＿ por los cuernos.
7. Aquiles y Héctor se acostaron (se—imaginar) ＿＿ aventuras en que tomaba parte Roque Carpio.
8. Doña Leopolda se levantó (se—asomar) ＿＿ a la puerta de su cuarto.
9. Roque Carpio se quedó pensativo (nos—contemplar) ＿＿ con cuidado.

IX–X

A. *Reading Comprehension*

Answer the following questions in Spanish.

1. ¿Por qué estaba tan alegre Pedro Pablo?
2. ¿Qué le dijo el viejo a María Juana?
3. ¿Quién escuchó la conversación? ¿Qué hizo después de que se apeó del caballo? ¿Por qué?
4. ¿Por qué dejaron las mujeres la puerta entornada?
5. ¿Qué sonidos escuchó la abuela? ¿Por qué son significativos?
6. ¿Cómo supo la abuela que algo o alguien se había detenido frente a la puerta?
7. ¿Por qué María Juana se echó sobre la puerta? ¿Qué se oyó inmediatamente después?
8. ¿Qué le pidió la joven a la abuela? ¿Con qué propósito?
9. ¿Por qué Roque Carpio se puso de mal humor?
10. ¿Por qué comprendió María Juana que su salvación estaba en no dejar que Roque Carpio retirara el pie?
11. ¿Qué utilizó María Juana para herir a Roque Carpio?
12. ¿Qué vieron Pedro Pablo y Midas frente a la puerta?
13. Explique ahora el título del cuento.
14. ¿Qué le dijo el cura a Pedro Pablo? ¿Qué le contestó éste?
15. ¿Cómo termina el cuento?

B. *Vocabulary*

Write sentences of your own using the following expressions.

1. caerse de sueño
2. atrancarse por dentro
3. aguzar el oído
4. hacer un potente esfuerzo
5. borrachera
6. enamorarse

Study the following words and expressions.

1. sordo
2. misa de gallo
3. al alba
4. lavando
5. ensillar
6. ladrido
7. al galope
8. herraduras
9. reprobaba el vicio
10. tenía miedo

Select the appropriate word or expression to complete each of the following sentences.

1. Don Pedro Pablo pasó la tarde _____ con el agua de su pozo unas cuantas damajuanas que estaban vacías.
2. Don Pedro Pablo se hacía _____ a los cálculos locos de su sobrino.
3. Después de cenar mandó _____ los caballos.
4. En Nochebuena iremos a la _____ a la iglesia de Canteros.
5. Los muchachos montaron en sus caballos y partieron _____.
6. María Juana estaba triste porque a veces su padre volvía _____ completamente borracho.
7. Roque le quitó las _____ a su caballo.
8. Ellas oyeron el _____ de los perros.
9. María Juana no le _____ a Roque Carpio.
10. El cura de Canteros _____ de don Pedro Pablo.

C. *The Present Subjunctive*

To form the present subjunctive, drop the **-o** ending of the first person singular of the present indicative, and add **-e** for **-ar** verbs and **-a** for **-er** and **-ir** verbs.   The verbs **dar, estar, haber, ir, saber,** and **ser** are irregular in the present subjunctive.   The endings for the present subjunctive are:

    -ar verbs: **-e, -es, -e, -emos, -en**
    -er and **-ir** verbs: **-a, -as, -a, -amos, -an**

Complete the following sentences with the appropriate form of the present subjunctive of the verbs indicated.

1. Será una felicidad que (Ud.—caer) _____ en su casa.
2. ¿En qué quiere Ud. que lo (yo—servir) _____?
3. Le diré a María Juana que (hacer) _____ unos quesos.
4. He metido una damajuana en el pozo para que se (refrescar) _____ un poco.
5. Cuando (yo—morirse) _____ tú te encargarás de administrar los negocios.
6. Cuando el sol (ponerse) _____ regresaremos a la casa.
7. Hijita, espero que Jesús nos (amparar) _____.
8. Tal vez (ser) _____ el león.
9. No me acostaré hasta que (tú—volver) _____.
10. El mozo quiere que el cura (ir) _____ a presentarlo a María Juana.

D. *The Imperfect Subjunctive*

To form the imperfect subjunctive, drop the **-ron** ending from the third person plural of the preterit indicative, and add the appropriate imperfect subjunctive endings.   Remember that there are two different endings for the imperfect subjunctive (**-ra, -ras, -ra, -ramos, -ran** and **-se, -ses, -se, -semos, -sen**).   The **-ra** ending is more common in Spanish America.

Complete the following sentences with the appropriate form of the imperfect subjunctive of the verbs indicated.   Use the -ra form.

EXAMPLE: Su abuela no se acostaría hasta que ella (volver) _____.
Su abuela no se acostaría hasta que ella **volviera.**

1. Don Pedro Pablo me encargó que le (decir) _____ que podía volver sola a la casa.
2. La salvación de María Juana estaba en impedir que la puerta (ceder) _____ y en evitar que el bandido (retirar) _____ el pie.
3. Si nosotras (poder) _____ meter la cuña en ese agujero del umbral, Ud. sola podría mantenerlo preso.
4. Si yo (haber) _____ encontrado una mujer como María Juana, hoy tendría biznietos.
5. Le sorprendía que su tío (andar) _____ de pantalones y alpargatas.
6. Mejor sería que no se (ocupar) _____ en nada.
7. María Juana se ruborizó como si el elogio (venir) _____ de un joven.
8. Si se (perder) _____ los mojones y se (quemar) _____ todos mis papeles, con ese rayo de sol podría medir de nuevo la propiedad.

9. Lo recibió debajo de la higuera como si (tratar) _____ de alejarlo de la familia.
10. Si la (ver) _____ de nuevo no la reconocería.

E. *Indicative versus Subjunctive*

After reviewing the uses of both the present and the imperfect subjunctive, decide whether to use a form of the subjunctive or the indicative in the following sentences. Explain your choice briefly.

1. María Juana se defendió del hombre como si (era / fuera / sea) una leona.
2. Creo que don Pedro Pablo (partió / partiera / parta) al galope en su caballo.
3. Es probable que Roque Carpio (esté / está) en prisión.
4. Es importante que Midas (venga / viene) temprano a su casa.
5. Todos temían porque habían visto a Roque Carpio que (volviera / volvía / vuelva) del presidio.

Complete the following sentences with your own ideas.

1. Si Roque Carpio no hubiera . . . no estaría ahora en la cárcel.
2. Si Midas Ontiveros no hubiera perdido el empleo. . . .
3. Si don Pedro Pablo no hubiera ido a comprar el vino después de la misa de gallo. . . .
4. Si tienes sed. . . .
5. Si estudio mucho. . . .

F. *Topics for Discussion*

Discuss the following topics in Spanish.

1. La actitud de la sociedad hacia los ex presidiarios.
2. El simbolismo de los nombres en el cuento.
3. La manera de actuar de Midas.
4. La valentía de María Juana.
5. Diferencias entre la vida del campo y de la ciudad.

G. *Composition*

Write a paragraph describing María Juana's personality. Use some of the following words and expressions.

cuerda, buena administradora, ser capaz, tener energía, enamorarse, llorar, fuerte, valiente, tímida, muy trabajadora, femenina, joven, ojos azules, valer mucho, lo de afuera, lo de adentro, cabeza hueca, apacible, purísimo, alegre

LA VUELTA DEL PRESIDIARIO

GUSTAVO MARTÍNEZ ZUVIRÍA

Un hombre descendía a pie, hacia el valle, donde estaba el pueblo.
Era Roque Carpio, que volvía del presidio.

Un ancho sombrero le cubría la cara. Llevaba al hombro las
alforjas[1] y en la mano un *wínchester*.[2]

5   Hacía veinte años que no respiraba el aire de sus montañas
nativas, y ahora, al hacerlo, sentía una especie de ansiedad, como
si estuviera seguro de que no le duraría mucho aquella dicha.[3]

Y buscaba con la mirada, más allá del pueblito, una casita soli-
taria, a la orilla del camino y cerca de un arroyo.

10   Hacía veinte años que había cometido un crimen, por el cual
había estado en presidio. Una noche, dos semanas después del
crimen—cuando aún estaba libre, porque la policía no se atrevía a
perseguirlo—salió de su escondrijo[4] y bajó hasta el pueblo,
acosado[5] por el hambre. Llamó a la puerta de aquella casa a la

15 orilla del camino, donde vivía Sancho Bracamonte.

La puerta se abrió, y una mujer salió con una lámpara para ver
quién era. Al reconocerlo, la mujer retrocedió espantada.[6]

—¡Roque Carpio!

—Sí, doña Deidamia . . . Me estoy muriendo de hambre . . .

20 No puedo más de cansancio[7] . . . Denme asilo por esta noche, y
antes del alba partiré. Nadie nunca volverá a saber de mí . . . Si
tienen buen corazón, no me cerrarán la puerta.

Un hombre salió del fondo del rancho.[8]

—¡Adelante, amigo! —le dijo, dándole la mano.

25   —La casa de Sancho Bracamonte es tu casa.

Carpio entró, y puso en un rincón su *wínchester* y sus alforjas
vacías. Le dieron un mate y un pedazo de carne. El criminal
comió de prisa y se acostó en un rincón. No tardó en dormirse.

La mujer, que lo observaba, se acercó a su marido y le dijo en

30 voz baja:

---

[1] **alforjas** knapsack   [2] **wínchester** rifle   [3] **dicha** happiness; good luck   [4] **escondrijo**
hiding place   [5] **acosado (-a)** driven   [6] **retrocedió espantada** withdrew frightened
[7] **No . . . cansancio** I am dead tired.   [8] **rancho** farm house

—El comisario⁹ tiene interés en tomar preso a este bandido, y ha ofrecido una mula y una vaca al que se lo entregue . . .

Bracamonte bajó la cabeza para que su mujer no adivinara que estaba pensando en lo mismo.

5   —Va a llegar el invierno —prosiguió ella al oído del hombre.

—Esa mula y esa vaca nos servirán mucho.

Bracamonte miró al huésped dormido, se puso el poncho y salió para ir en busca del comisario.

Muy temprano, Roque Carpio se levantó y se preparaba para
10   salir, cuando oyó ruido de caballos en el patio, voces de hombres y rumores de sables.

La puerta del rancho se abrió, y entró Bracamonte con varios policías; no tuvo necesidad de mostrarles el escondrijo donde había dormido Carpio, porque éste dijo:

15   —¡Aquí estoy!

Bracamonte dio un paso atrás, y cuando su amigo pasó, silencioso, por delante de él, se puso pálido bajo su ardiente mirada. Su mujer siguió a los policías, que se llevaban al preso. Antes del mediodía volvió trayendo una mula y una vaca.

20   Sancho Bracamonte estaba sentado en el umbral de su casa, pensando. Si el hombre a quien había traicionado no moría en la cárcel, algún día volvería al pueblo y se vengaría de él . . .

II

Roque Carpio volvió cuando en el pueblo su nombre y su historia se relataban en las noches de invierno, alrededor del fogón.

25   Con su trabajo de veinte años ganó un miserable puñado¹⁰ de dinero, que le entregaron al salir del presidio. Habría podido comprar un caballo para hacer las ochenta leguas que lo separaban del pueblo.

Prefirió comprar un *winchester* y unas alforjas, que llenó de
30   provisiones, y partió a pie, por el camino más corto.

Por fin respiró el aire de sus montañas nativas. Todo estaba como en los tiempos en que él era joven y recorría aquellas soledades en su caballo.

---

⁹**comisario** police inspector   ¹⁰**puñado** handful

Sintió hambre.   Aún quedaba en sus alforjas un pedazo de pan.
Sintió sed también; pero no lejos de allí, un torrente, hinchado por
las últimas lluvias, se despeñaba[11] por entre dos inmensas piedras
rojas.   Las aguas formaban, abajo, un remanso[12] oscuro.

5   Carpio quiso beber antes de cortar su pan.   Dejó el *wínchester*
apoyado al tronco de un árbol y bajó hasta el remanso.   Cuando
llegó a la orilla oyó el grito de un niño y vio a dos muchachos en las
ramas[13] de un árbol que estaba en la orilla de aquel acantilado[14] por
donde de despeñaba el torrente.

10   El grito se repitió.   Una rama se había roto en el árbol, y uno de
los muchachos cayó, con los brazos abiertos, en la parte más
honda[15] del remanso.

Roque Carpio tiró al suelo el sombrero y el saco y entró en el
agua.   A un metro de la orilla perdió pie,[16] y la corriente lo arrojó
15   hacia la otra parte, cerca del sitio donde se había hundido el
muchacho.   Logró mantenerse a flote y asir[17] de los cabellos al
infeliz muchacho, que se ahogaba, y con todas sus fuerzas se acercó
a la orilla.   Con la ayuda del otro muchacho, Roque Carpio logró
salir del remanso.

20   —¿Está muerto? —interrogó ansiosamente su compañero.

—Está desmayado solamente . . .

Y así era; al cuarto de hora, el muchacho abría los ojos, unos ojos
azules, raros en la sierra,[18] y que a Roque Carpio le produjeron la
impresión de una brasa[19] en la mano.   Se estremeció y se apartó
25   con repulsión o miedo.

—¿Dónde he visto yo estos mismos ojos? —se dijo en secreto.

—¡Está vivo! —exclamó el compañero. —¡A usted le debe la
vida!

—¿Cómo se llama este muchacho? —preguntó Carpio.   El in-
30   terrogado no contestó porque no oyó la pregunta, y siguió diciendo:

—Habíamos venido a sacar un nido[20] de zorzales[21] que teníamos
en este árbol.   Él sabe mejor que yo subirse a los árboles; pero

---

[11]**despeñarse** to fall down a precipice   [12]**remanso** pool   [13]**rama** branch
[14]**acantilado** steep cliff   [15]**hondo (-a)** deep   [16]**perder pie** slipped   [17]**asir** to
seize, take hold of   [18]**sierra** mountainous region   [19]**brasa** red-hot coal   [20]**nido**
nest   [21]**zorzal** thrush

como la rama quedaba sobre el remanso, perdió la cabeza, rompió
otra rama y cayó.   Pero usted lo ha salvado.   Don Sancho va a
quedar contento, porque es el nieto que quiere . . .

—¡Sancho! ¡Ah! ¿Se llama Sancho Bracamonte?

5   —Sí, ¿cómo sabe . . . ?

—¿Es nieto del dueño de la casa que se ve a la orilla del camino,
más allá del pueblo?

—¡Sí, sí! ¿Cómo sabe . . . ? ¿Quién es usted?

El muchacho que volvía a la vida se levantó, recordó su caída y,
10 al ver a aquel hombre chorreando²² agua junto a él, comprendió lo
que había pasado y, en un ímpetu de gratitud, le tomó las manos y
se las besó, sin decir palabra.

Roque Carpio lo rechazó con un gesto duro.

Cuando partió para el presidio dejó en el pueblo una hijita, que
15 tenía entonces seis años.   La niña murió poco después de miseria y
de abandono.   Si no hubiera muerto se habría casado, y él tendría
ahora un nieto como ese muchacho.

El otro principió:

—¿Usted conoce a las gentes del pueblo? ¿Conoce a don San-
20 cho Bracamonte?   Hará bien en llegar hasta su casa para que él
mismo le dé las gracias.

Roque Carpio no oía lo que le decía el muchacho.   Recordaba
que la mujer de Sancho Bracamonte tenía los ojos azules como los
de aquel muchacho, y preguntó por ella.

25   —¡Murió! —le contestaron a la vez los dos muchachos.

Y el nieto de Bracamonte añadió, posando en²³ Carpio una dulce
mirada:

—Todos los de la casa han ido muriendo.   Sólo quedamos mi
abuelito y yo.

30   Roque Carpio pensó que el destino le ponía en la mano la más
completa de las venganzas.   De un empujón podía arrojar al remanso al último descendiente de aquella familia de traidores, y a
su acompañante, para que nadie supiera la causa de esa muerte.

Después, cuando llegara la noche, bajaría hasta el pueblo, llamaría
35 a la misma puerta donde llamó la última noche de libertad, y la

---

²²**chorrear** to drip   ²³**posar en** to cast upon

puerta se abriría.   Sancho Bracamonte, que no lo esperaba no lo
reconocería de pronto y lo dejaría entrar.

Y así los dos solos, frente a frente, en un cuarto con poca luz,
hablarían de las cosas que en el pueblo nadie recordaba ya, [24] pero
5 que ninguno de los dos podía olvidar.   "Tu nieto ha muerto en mis
manos hoy, tú también vas a morir".   Lo mataría con el cuchillo
para que en el pueblo no se oyera el ruido del balazo. [25]

Los dos muchachos lo miraban, sorprendidos de su silencio.   El
nieto de Bracamonte se había levantado, y se acercó al borde de
10 piedra del torrente y miró el remanso.   En el agua flotaba el nido.

—Lo que siento —dijo— es mi nido de zorzales.   Lo tenía en la
mano, cuando me caí.   Allí está el nido.   Los zorzales se han
ahogado.

—Nos iban a dar cinco pesos, en la villa, por los dos —agregó el
15 otro.

—Mi abuelito habría tenido con qué comprar pan y hierba[26]
durante una semana.

Roque Carpio se había acercado y oía aquella conversación.
¿Así, pues, el hombre que lo traicionó estaba pobre, y su nieto lo
20 alimentaba?[27]   Por lo visto[28] la traición no lo había enriquecido.
Había quedado solo, el único de su raza, además de aquel niño.
¡Dios le había castigado!

El odio que llenaba su pecho[29] parecía disiparse, y Roque Carpio respiró con fruición el aire de sus montañas.

25 El muchacho de ojos azules lo miraba, y como él sonriera
levemente, le dijo:

—¡Vamos a casa!   ¡Mi abuelito se alegrará de conocerlo!

Aquella dulce voz infantil lo arrancó[30] de sus malos pensamientos.   Con su fuerte mano, acarició las mejillas del muchacho, y su
30 sonrisa fue más franca.

—¡No puedo!   ¡Voy de camino, [31] y ya es tarde!

—¿Va lejos?

---

[24]**nadie recordaba ya** no one remembered any more   [25]**balazo** shot, gunshot
wound   [26]**hierba (yerba mate)** Paraguayan tea leaves   [27]**alimentar** to feed
[28]**por lo visto** evidently   [29]**pecho** chest   [30]**arrancar (de)** to pull (out of)   [31]**voy
de camino** I am traveling, I am on my way

—Sí.

—¿Muy lejos?   ¿Hasta dónde va?

—Voy hasta más allá de esa sierra, donde el cielo se junta con la pampa . . .

5   —¿Y no volverá nunca más por aquí?

—No, nunca.

—Pero, ¿quién es usted?

—Yo soy . . . un serrano[32] como tú . . .

El otro muchacho, mientras tanto, había ido a traer el *wínches-*
10 *ter* y las alforjas de Carpio.   El ex presidiario abrió las alforjas y repartió sus víveres con ellos.

—¡Adiós! —les dijo.

El nieto de Bracamonte le tomó las manos y se las besó otra vez.

Y Roque Carpio, enternecido,[33] besó la frente sin malicia del
15 muchacho.

Echó el *wínchester* al hombro y empezó a subir por la sierra, sin mirar hacia atrás.

EXERCISES

A. *Reading Comprehension*

Answer in complete sentences.

1. ¿Quién era el que volvía del presidio?
2. ¿Qué llevaba al hombro?
3. ¿Qué buscaba este hombre?
4. ¿Quién era Sancho Bracamonte?
5. ¿Qué había ofrecido el comisario?
6. ¿A quién llamó Sancho?
7. ¿Qué hizo Roque Carpio cuando vio venir a la policía?
8. Cuando se lo llevaron preso, ¿qué hizo la mujer de Sancho?
9. ¿Qué temía Sancho Bracamonte?   ¿Tenía razón?
10. ¿Se venga Roque Carpio de la traición de su amigo?   ¿Por qué?

---

[32] **serrano**   mountaineer   [33] **enternecido (-a)**   touched, stirred (with emotion)

Select the letter corresponding to the most logical completion for each sentence.

1. Hacía veinte años que Roque Carpio había cometido . . . por el cual había estado en presidio.
   a. un escondrijo. b. un crimen. c. una locura. d. un extravío.
2. La mujer de Sancho Bracamonte quiere la mula y la vaca porque ya va a llegar
   a. la policía. b. el asesino. c. el invierno. d. el bandido.
3. Con el trabajo de mucho años de presidio, Roque Carpio ganó
   a. un miserable puñado de dinero.
   b. una gran cantidad de dinero.
   c. un inmenso puñado de dinero.
   d. unas ochenta leguas.
4. El nieto de Sancho Bracamonte cayó en
   a. un acantilado. b. un torrente. c. un remanso profundo. d. una orilla.
5. Los muchachos habían venido a sacar un nido de zorzales para venderlo y poder
   a. comprar unas yerbas.
   b. comprar pan y yerba para el abuelo.
   c. comprar una mula y una vaca.
   d. comprar unas alforjas y pan.

B. *Vocabulary*

Write original Spanish sentences using the following idioms and phrases.

1. al hombro
2. en la mano
3. más allá
4. hacía veinte años
5. llamar a la puerta
6. no poder más
7. dar la mano
8. en un rincón
9. bajar la cabeza
10. ponerse pálido

Translate the word(s) in parentheses.

1. (*He could have bought*) _____ un caballo.
2. Carpio (*was acquainted with*) _____ aquel remanso.
3. Una rama (*had been broken*) _____ en el árbol.
4. (*He can't be dead*) _____, dijo Roque.
5. (*He is alive*) _____, exclamó el compañero.
6. La casa (*is seen*) _____ a la orilla del camino, (*beyond*) _____ del pueblo.

7. Si no hubiera muerto (*she would have married*) ____.
8. (*When night came*) ____ llamaría a la puerta.
9. Para que nadie (*knew*) ____ la causa de su muerte.

C. *The Present Subjunctive*

Complete the following sentences with the appropriate form of the present subjunctive of the verbs indicated.

1. El comisario ha ofrecido una mula y una vaca al que le (entregar) ____ a Roque Carpio.
2. No creo que Roque Carpio (ser) ____ un hombre malo.
3. La mujer quiere que Sancho (ir) ____ por el comisario.
4. Sancho teme que Roque Carpio (volver) ____ a vengarse.
5. Es importante que Roque (perdonar) ____ a su enemigo.

D. *The Imperfect Subjunctive*

Complete the following sentences with the appropriate form of the imperfect subjunctive of the verbs indicated. Use the -ra form.

1. Roque Carpio pensó que si su hijita no se (haber) ____ muerto se habría casado.
2. De un empujón podía arrojar a los muchachos al remanso para que nadie (saber) ____ la causa de su muerte.
3. Lo mataría con un cuchillo para que en el pueblo no se (oír) ____ el balazo.
4. Lo miró como si (ser) ____ su enemigo.
5. Roque sentía ansiedad como si (estar) ____ seguro de que su dicha no duraría mucho.
6. El abuelo esperaba a que los muchachos (volver) ____ para comer.

E. *Topics for Discussion*

Discuss the following topics in Spanish.

1. Los dos aspectos de la personalidad de Roque Carpio.
2. La actitud de los Bracamonte.

F. *Composition*

Write a paragraph describing Roque Carpio's personality. Use some of the following expressions.

modo incomprensible, enamorarse, pasión fuerte, odio, hombre fuerte y valiente, venganza, montañas nativas, franco, enternecido, toro, buen mozo, capaz, conocer mejor que nadie, intenso, joven, tumbar, ansiedad, acosado, ardiente mirada, hambre, casancio

G. *Review*

Review the vocabulary and grammar covered up to this point. Then complete each sentence with the correct form of the word in parentheses.

Un hombre (descender) _____ a pie (*use prep.*) _____ la casa donde estaba el (*little town*) _____. (Ser) _____ Roque Carpio que volvía del presidio como si (ser) _____ un paisano más que (*never*) _____ había salido de esa región.

Todos temían que Roque Carpio (volver) _____ a causar problemas y a vengarse de sus enemigos.   Era difícil saber (*his*) _____ intenciones.   Un ancho sombrero le (cubrir) _____ su cara, y en la mano (llevar) _____ un *wínchester*.

(Hacer) _____ veinte años que no respiraba el aire de sus montañas nativas y ahora, al (lo—hacer) _____, sentía una especie de ansiedad, como si (estar) _____ seguro de que no le (durar) _____ mucho aquella dicha.

Al llegar a su destino, Carpio (ir) _____ con mucho cuidado hacia la casa principal de la estancia.   ¿Qué (estar) _____ buscando allí?   La noche (ser) _____ oscura.   Las nubes (cubrir) _____ la luna y los perros (ladrar) _____. (¡Callarse!) _____, dijo el hombre y golpeó al más cercano con mucha fuerza. Todos (callar) _____ y (correr) _____ quejándose hacia la casa.   El hombre se (acercar) _____ a la puerta y (ver) _____ a la abuela sentada en un sillón.   A su izquierda (dormir) _____ una joven muy hermosa.

Roque Carpio (sentir) _____ una ansiedad muy fuerte, como si (estar) _____ seguro de que lo que (ir) _____ a intentar lo (llevar) _____ nuevamente a la cárcel.   Se detuvo y (pensar) _____ en sus veinte años de presidio.   En seguida (dar) _____ la vuelta, se (montar) _____ en su caballo y partió hacia otro pueblo.   Pensaba que algún día (volver) _____ a su pueblo natal y (poder) _____ ser feliz de nuevo.

Vocabulary

This vocabulary contains the basic words used in this text. Cognates and most adverbs ending in **-mente** and derived from adjectives defined in the vocabulary are omitted. Irregular verb forms that might pose some difficulty, all idioms used in the text, and all proper names are included.

Abbreviations: adj. adjective; *adv.* adverb; *cond.* conditional; *conj.* conjunction; *f.* feminine; *fut.* future; *imp.* imperfect; *ind.* indicative; *inf.* infinitive; *int.* interrogative; *inter.* interjection; *m.* masculine; *n.* noun; *p.p.* part participle; *pl.* plural; *prep.* preposition; *pres. ind.* present indicative; *pres. part.* present participle; *pres. subj.* present subjunctive; *pret.* preterit; *pron.* pronoun; *subj.* subjunctive.

a at, into, on, by, with; to; from, for

abajo down, below; ¡**abajo!** down with

abandonar to forsake, leave, give up

la **abertura** opening

abierto -a open, opened

el **abra** (*f.*) mountain gap, gorge

el **abrazo** embrace

el **abrigo** coat

abrir to open; ¡**Abra!** Open up!

la **abuela** grandmother

la **abundancia** abundance

abundante abundant

aburrir to annoy, to bore

aburrirse to grow tired, to be bored; **aburrirse en casa** to be bored at home

acabado -a finished

acabar to end, to finish; **acaba de (salir)** has just (gone out); ¡**se acabó!** it is finished, this is the end

acariciar to fondle, caress
acaso perhaps
la **acción** action
el **acecho** ambush; **en acecho**
   waiting in ambush
aceptar to accept
acerca:acerca de (*prep.*)
   about, concerning
acercarse to approach; **me**
   acerqué I approached, got
   near
acompañado -a (de) accom-
   panied (by)
acompañar to accompany
el (la) **acompañante** companion
aconsejar to advise
acordarse (ue) to remember
acostarse (ue) to go to bed, to
   lie down
la **actitud** attitude
el **acto** act; **en al acto** at once
actuar to act; to perform or dis-
   charge a duty
el **acuerdo** agreement; **ponerse**
   de acuerdo to come to an
   agreement
adelante forward, ahead;
   ¡**adelante!** come in; **en**
   adelante henceforth
además (*adv.*) besides, more-
   over, in addition; **además (de)**
   (*prep.*) besides
adentro inside; **lo de adentro**
   the inside, things inside
¡**adiós!** goodbye!
adivinar to guess
administrar to administer, to
   manage
admirar to admire
admirarse de to be surprised
adonde where, to which
adoptar to adopt
adornar to adorn, to beautify,
   to embellish, to decorate
adquirir (ie, i) to acquire

advertir (ie, i) to warn,
   to advise, to tell
afuera outside; **el de afuera**
   the one outside; **lo de afuera**
   the outside; things outside
ágil agile
agitado -a (*adj.*) excited
agradecer to be thankful
   (grateful) for
el **agradecimiento** gratitude
agregar to add
el **agua** (*f.*) water
aguantar to sustain, to hold, to
   suffer, to bear, to endure; **no**
   pude aguantarme I could resist no longer
agudo -a sharp
el **agujero** hole
aguzar to sharpen; **aguzar el**
   oído to prick up one's ear(s)
ahí there; **por ahí** over there
ahogado -a strangled, choked
ahogar (se) to drown; to choke
ahora now; **ahora bien** so now,
   well; **ahora mismo** right now;
   hasta ahora so far
el **aire** air
aislar to isolate, to place apart
al (a + el) to the
al + inf. on + *pres. part.*;
   al oír on hearing; **al**
   ver on seeing
el **alambre** wire; **tejido de**
   alambre wire netting
la **alarma** alarm
el **alba** (*f.*) dawn; **al alba** at
   dawn
alcanzar to reach; to overtake
alegrarse to be glad
alegre gay, merry, cheerful
la **alegría** happiness
alejar to remove, to move
   away from
alejarse de to move away, to
   move out of sight

alerto -a alert
las **alforjas** saddlebags; knapsack
algo something; somewhat;
  algo de (*or* **que**) **comer**
  something to eat
el **algodón** cotton
alguien someone, somebody
algún, alguno -a some; (*pl.*)
  some, a few; **alguna cosa**
  something
alimentar to feed
el **alimento** food
el **alma** (*f.*) soul
el **almacén** store
almorzar (**ue**) to eat lunch
el **almuerzo** lunch
las **alpargatas** sandals (of canvas
  and hemp sole)
alrededor (**de**) around
alterar to disturb
alto -a high; (**lo**) **más alto** the
  highest (part); loudly
Alto Perú Peru and Bolivia (*old
  Spanish colonial division*)
allá (*adv.*) there, over there
  (*less precise than* **allí**); **hasta
  allá** there; **por allá** over
  there, that way
allí (*adv.*) there (*more precise
  than* **allá**); **de allí** from there;
  por allí around there
amable kind
amar to love
amargo -a bitter
amarillo -a yellow
ambos -as both
americano -a American, *especially Spanish-American;* New
  World
el **amigo** friend
la **amistad** friendship
el **amo** boss, master
el **amor** love
Anaconda *type of boa; proper
  name*

ancho -a wide, broad
andar to walk, to go; to be;
  andar (**buscando**) to be
  (looking for); **andar de un lado
  a otro** to be everywhere, to
  be all over the place
Andes (*m. pl.*) Andes Mountains (*along South America's
  western coast*)
el **ángel** angel; **angelito**
  baby, little angel
el **anillo** ring, band, coil
anoche last night
anochecer to grow dark (at the
  approach of night); **al
  anochecer** at nightfall
la **ansiedad** anxiety
ante in the presence of; before,
  in front of
antemano: de antemano be-
  forehand
anterior anterior, former, previous
antes (*adv.*) before; first; **antes
  de** (*prep.*) before
anunciar to announce
el **anuncio** announcement, news
añadir to add
el **año** year; **hacía muchos años**
  many years ago
apacible pleasant
apagado -a extinguished; muf-
  fled (sound)
apagarse to go out (*a light*),
  to be extinguished
aparecer to appear
apartar to separate, to remove; **apartar los ojos** to
  look away
apartarse to withdraw, to move
  away, to depart
apearse to get off
apelar to appeal
apenas hardly, scarcely
aplastar to crush, to flatten

apoderarse de to take posses-
  sion of
apoyado -a leaning against
apoyar to support
el **apoyo** support; **punto de apoyo**
  fulcrum, support
apreciar to appreciate; to ap-
  praise, to esteem; **apreciar
  mucho** to admire greatly
aprender to learn
apresurarse to hurry
apretarse to be tightened
aprobar (ue) to approve
aprovechar to take advantage
  of
apuntalado -a propped
apurar(se) to hurry up
aquel, aquella that (at a distance); (*pl.*) those
aquél, aquélla, aquello (*pron.*)
  that one; he; the former; that;
  (*pl.*) those; they
aquí here; **aquí mismo** right
  here; **por aquí** this way, here
el **árbol** tree
ardiente ardent
ardoroso -a blistering hot
la **arena** sand
el **arma** (*f.*) arm, weapon
arrancar to wrest, to force out,
  to tear out, to root out, to pull
  away
arrastrarse to crawl, creep
arreglar to settle, to put in
  order, to fix, to arrange
arrepentirse (ie, i) to repent,
  be sorry
arriba up, above; **hacia arriba**
  up, upward
arrojar to throw, cast
el **arroyo** creek, small stream
el **arte** art; **bellas artes** fine arts
asaltar to assault
así so, thus, like that, in that

manner; **así es** it is so; **así
  que** as soon as
el **asilo** asylum, refuge; shelter
asir to seize, to take hold of
el **asistente** assistant
asistir a to be present (at), to
  attend
asomar to appear; to show, to
  put out (one's head)
asomarse a (la puerta) to peer
  out (the door)
asunto matter, affair; business;
  asuntos particulares private
  conflicts
asustar to scare
asustarse to be frightened
atacar to attack
el **ataque** attack
la **atención** attention; **con
  atención** attentively, carefully
atender (ie) to attend (to)
atentamente attentively
la **atmósfera** atmosphere, air
atormentado -a tormented
atormentar to torment; to
  bother; to tease
atrancar to bolt
atrás back; ¡**atrás!** go back;
  desde atrás from behind;
  hacia atrás backward
atreverse to dare; **atreverse a
  (salir)** to dare (to go out)
atroz cruel; awful (*also proper
  name*)
el **aullido** howl
aumentado -a increased
aumentar to increase
aun, aún yet, still
aunque although, though, even
  though
la **ausencia** absence
el **autor** author
la **autoridad** authority; government

avanzar to advance, to move
forward
la **aventura** adventure
¡**ay!** (*inter.*) ow! oh! (ex-
pressing pain or grief)
ayer yesterday
la **ayuda** help, aid
ayudar to help
azotado -a whipped
el **azote** lash (blow) with a whip
azul blue

bailar to dance
bajar to come down; to go
down; to lower
bajarse get down; to dismount
bajo (*prep.*) under; **bajo -a**
(*adj.*) low
el **balazo** shot
la **banda** stripe; band; edge, border
la **bandera** flag
el **bandido** bandit
bañar to bathe
bañarse to take a bath
barato -a cheap
la **barba** beard; chin
el **barco** ship
la **barrera** barrier; **barrera de cinc
liso** barrier of smooth zinc
el **barrote** bar
bastante enough; rather, fairly
la **batalla** battle
bautizar to baptize
beber to drink
bello -a beautiful; **bellas artes**
fine arts
bendito -a blessed
besar to kiss
bien well, all right; **hacer un
bien** to do a good (deed); **no
bien** no sooner, as soon as,
just as

la **bienvenida** welcome
el **biznieto** great-grandson
blanco -a white
la **boa** boa constrictor, snake
la **bobería** foolishness, nonsense
la **boca** mouth
la **bola** ball
el **bolsillo** pocket
la **bondad** kindness
bondadoso -a kind, good-
natured
bonito -a pretty
el **borde** border, edge
la **borrachera** drunkenness
borrado -a erased
borrar to erase, to rub out
el **bosque** forest, woods
la **bota** boot; shoe
botar to throw away
la **botella** bottle
la **brasa** red-hot coal
bravamente angrily, bravely
bravo -a ill-tempered, quick-
tempered; brave; wild
el **brazo** arm
el **break** high four-wheeled carriage
brevemente briefly, shortly
brillante brilliant, shiny
brillar to shine, gleam
el **brin** coarse linen fabric
brincar to jump
el **brocal** curbstone of well
buen, bueno -a good; **buenos
días** good morning; **de buen
grado** willingly
burlar to mock
burlarse de to make fun of
el **burro** donkey
busca: en busca de in search of
buscar to look for, to seek

la **caballeriza** stable
el **caballero** gentleman; **Caballero**

de Gracia *famous street in Madrid*

el **caballo** horse; **a caballo** on horseback; **montar a caballo** to go horseback riding

los **cabellos** hair

la **cabeza** head; **cabeza abajo** headfirst; **cabeza hueca** empty-headed; **de cabeza** headfirst

el **cabo** end; **al cabo de** at the end of, after

la **cabra** goat

cada each; **cada vez más** more and more

el **cadáver** dead body, corpse

la **cadena** chain; **cadena de plata** silver chain

caer to fall; **caer en casa** to drop in (for a visit); **caer en manos de** to fall into the hands of; **caer encima** to fall upon

caerse:caerse de espaldas to fall over; **caerse de sueño** to be dead tired, sleepy; **se me cayó** it fell

la **caída** fall

la **caja** box, case

el **cálculo** calculation, estimate; **hacer cálculos** to estimate

la **calma** calm; **con calma** calmly, deliberately

calmar to calm

calmarse to calm down, to become calm

el **calor** heat; **hacía calor** it (*weather*) was hot

caluroso -a hot

callado -a silent

callar to be silent, to keep silent

callarse to be silent, to stop talking; **cállate** be quiet

(*familiar*); **cállense** to be silent, be quiet (*formal*)

la **calle** street; **por la calle** through the street

la **cama** bed

Camagüey *city in Cuba*

cambiar to change; to exchange; **cambiar de** (**traje**) to change (clothes); **se cambió en** changed to

el **cambio** exchange; change; **a cambio de** in exchange for; **en cambio** on the other hand; in exchange

caminar to walk, to travel

el **camino** road; **camino real** highway; **en camino** on the way; **ir de camino** to be on one's way; to be traveling

la **campana** bell

el **campesino** farmer

el **campo** country; field

la **canasta** basket

¡canejo! great guns! **¡canejo con la muchacha!** great guns, that girl!

cansado -a tired, weary

el **cansancio** weariness

cansarse to get tired

cantar to sing

la **cantidad** quantity, sum

el **canto** song

la **caña** cane, reed

el **cañaveral** cane field; reed patch

la **capa** cape, cloak

la **capacidad** competence, skill

capaz capable, able

capelo real Royal Hooded (*a type of cobra*)

el **capuchón** hood

la **cara** face

la **carcajada** loud laughter; **reír a carcajadas** to laugh heartily

la **cárcel**   jail, prison
la **carga**   load, burden
   cargado -a (de)   loaded (with)
   cargar   to load; to carry
   Carlitos   little Carlos (*proper
      name*)
la **carne**   meat
el **carro**   cart, wagon; automobile
la **carta**   letter; playing card
la **casa**   house, home; **a casa**
      home; **casa de beneficencia**
      orphanage, home for orphans;
      casa y comida   board and
      lodging; **en casa**   at home
el **casamiento**   marriage
   casarse   to get married
el **cascabel**   rattle; **serpiente de
      cascabel**   rattlesnake
   casi   almost; **ya casi**   almost
el **caso**   case, affair; fact; **en todo
      caso**   anyhow; **es el caso**   the
      fact is
   castigar   to punish
   catorce   fourteen
el **catre**   cot, small bed
el **caudillo**   leader; **caudillo
      político**   political boss
la **causa**   cause; **a causa de**   be-
      cause of
   causar   to cause, to produce
la **cautela**   watchfulness, care
la **caverna**   cavern, cave
   cayendo   *pres. part. of* **caer**
   cayó, cayeron   *pret. of* **caer**
   cazador -a   hunter; type of
      snake
   cazar   to hunt; to capture
   ceder   to yield, to give in
la **ceja**   eyebrow
   celeste   sky-blue; **el celeste**
      sky-blue color
los **celos**   jealousy
   celoso -a   jealous
   cenar   to eat supper

el **centímetro**   centimeter
      (*.39 inch*)
el **centro**   center
la **cerca**   fence
   cerca (de) (*prep.*)   near,
      nearly; (*adv.*) near, near by
   cercado -a   fenced in
   cercar   to fence; to enclose
   cerrado -a   closed
   cerrar (ie)   to close, to shut, to
      shut up, to enclose
el **cielo**   sky
   cien (to)   (a) hundred
la **ciencia**   science; knowledge
   científico -a   scientific
   cierto -a   certain; a certain;
      sure; **es cierto**   it is true; **por
      cierto**   certainly
el **cinc**   zinc; **barrera de cinc liso**
      barrier of smooth zinc
   cinco   five; **las cinco**   five
      o'clock
   cincuenta   fifty
el **cinturón**   belt
el **círculo**   circle
la **circunstancia**   circumstance
la **cita**   appointment, "date"
la **ciudad**   city
   claro -a   clear; **claro está**   obvi-
      ously; **claro que**   of course; **la
      clara verdad**   self-evident
      truth
la **clase**   class, kind
   clavar   to drive in, to nail; to
      stick, to jab; to sink
el **clavo**   nail
   Coatiarita   *proper name; type
      of snake*
   cobarde   timid; cowardly
la **cobra**   cobra (*snake*)
   cobrar   to charge
la **cocina**   kitchen
el **coche**   coach, carriage; car, au-
      tomobile

coger to seize, to catch, to capture; to pick, to gather; **cogido -a** caught
la **cola** tail
el **colchón** mattress
colgar (ue) to hang (up)
el **colmillo** fang
colocar to place
colorado -a (*adj.*) red; **el colorado** red color
el **comedor** dining room
comenzar (ie) to commence, to start, to begin; **comenzar a (llorar)** to begin (to cry)
comer to eat
comerse to eat up
cometer to commit; to make (an error)
la **comida** food; meal (*especially dinner*); **buena comida** a good meal
el **comienzo** the beginning; **al comienzo** at the beginning
el **comisario** police inspector
como as, like; since; as well as; about; **¿Cómo?** how?; **como de** of, about; **como hombre** like a man; **¿Cómo dices?** What did you say?; **¿Cómo no?** Why not? Of course!; **¿Cómo que no sabes?** What do you mean, you don't know?; **como si** as if
cómodo -a comfortable
el **compañero** companion, colleague, comrade
comparar to compare
compartir to share
la **compasión** pity, compassion
completar to complete
completo -a complete
componer to compose, to form
comprar to buy
comprender to understand; to realize

compuesto *p.p. of* **componer**
con (*prep.*) with; by
conceder to give, to bestow, to grant, to concede
la **conciencia** consciousness; conscience
el **conde** count; **Conde Lucanor** *proper name*
el **cóndor** condor, vulture
la **conducta** behavior, conduct
conforme according to, in proportion as
confundido -a mixed up
el **congreso** congress; gathering
conmigo with me
conmovido -a stirred (with emotion)
conocer to be acquainted with, to know; to recognize; to meet (*pret.*)
conocido -a well-known, familiar
el **conocimiento** knowledge; acquaintance
el **consejero** advisor
el **consejo** counsel; (*pl.*) advice
considerar to consider, to think over; to judge; to treat with consideration or respect
consigo with himself, with it
consolar (ue) to console, to comfort
la **constelación** constellation
contar (ue) to tell, to narrate; to count; **contar con** to count on, to rely on
contener (ie) to contain, to restrain, to hold in
contento -a happy; **lo contento que estaba** how happy he was
contestar to answer
contiene *pres. ind. of* **contener**
contigo with you; **contar contigo** to rely on you

contra against

contrario -a contrary; **al contrario** on the contrary

convencido *p.p. of* **convencer (se)** convinced

convenir (ie) to be fitting, to be good for you (one)

convertido -a (en) transformed (into)

la **copa** glass, goblet

el **coral** coral; coral snake

Coralina *proper name*

el **corazón** heart

el **corredor** hallway

correr to run; to open (*a curtain*); to circulate (*a rumor*); **a todo correr** at full speed

la **corriente** current (*of water*); **irse con la corriente** to follow the crowd; **seguir la corriente** to go along with

la **cortada** cut

cortar to cut; **cortar la cabeza** to cut off his head

cortés courteous

cortésmente courteously

corto -a short

la **cosa** thing; **cosa de todos los días** an everyday affair; **cosa igual** anything like it; **¡cosa más rara!** how strange!; **cosa rara** strange thing; **otra cosa** anything else, something else

la **cosecha** crop, harvest

cosechar to harvest

costar (ue) to cost

la **costumbre** habit, custom

la **creación** creation; construction

crear to create

crecer to grow

creer to believe, to think; **se creía importante** he thought he was important; **¡ya lo creo!** sure! you bet! of course!

el **criado** servant; la **criada** maid, servant

criado -a brought up, raised

la **crianza** upbringing; **dar crianza** to bring up

criar to raise

el **criollo** Creole, native

la **cruz** cross; **en cruz** crossed

Cruzada *proper name (from* **cruz***)*

cruzar to cross; to exchange

el **cuadro** picture, painting; square

cual which, who; **lo cual** (an act) which; **por el cual** for which; **por lo cual** for which (reason)

cualquier(a) (*pl.*—**cualesquier(a)**) any, anyone

cuando when; **¿cuándo?** when?; **cuando menos lo esperaba** when he least expected it; **de cuando en cuando** from time to time; **de vez en cuando** from time to time

cuanto as much as; **¿cuánto?** how much?; **en cuanto** as soon as; **todo cuanto** all that (which); **unos cuantos** a few

cuarenta forty; **a los cuarenta** at forty (*years of age*)

cuarentón -ona in his (her) forties

el **cuarto** room; quarter

cuatro four; **cuatrocientos** four hundred; **las cuatro** four o'clock

cubierto -a *p.p. of* **cubrir** covered; **cubierto de (sangre)** covered with (blood)

cubrir to cover

la **cuchara** spoon

el **cuchillo** knife; **cuchillo de mesa** table knife

el **cuello**   neck
cuenta   *pres. ind. of* **contar**
la **cuenta**   bill; **dar cuenta de**   to
   report on; **darse cuenta de**
   to realize, notice; **tener en**
   cuenta   consider
el **cuento**   short story, tale
cuerdo -a   prudent, sensible,
   wise; **ser cuerdo**   to have
   good sense
el **cuerno**   horn
el **cuerpo**   body; **de cuerpo entero**
   full-length
la **cuestión**   problem; argument;
   matter
la **cueva**   cave, hole, den, grotto
el **cuidado**   care; **con cuidado**
   carefully; ¡**cuidado!**   look out!
   be careful!; ¡**mucho cuidado!**
   be careful!; **sin cuidado**   without worry; **tener mucho**
   cuidado   to be very careful
cuidar   to take care, to be careful; to take care of
la **culebra**   nonpoisonous snake
la **culpa**   fault; sin, offence; **por su**
   culpa   because of him; **tener**
   la culpa   to be responsible
   for, to be to blame for
culto -a   cultivated, well-
   educated, enlightened,
   civilized
la **cultura**   culture
la **cuña**   wedge
el **cura**   priest
curar   to cure
la **curiosidad**   curiosity
curioso -a   curious, strange
la **curva**   curve
cuyo -a   whose, which, of
   whom, of which
Cuzco   *city in southern Perú,*
   ancient capital of the Inca
   Empire

el **charco**   puddle, pool
chico -a   small; la **chica**   girl; el
   chico   boy, youngster
el **chillido**   shriek
chino -a   Chinese
chorrear   to drip

Daboy   (*name of a dog*)
la **damajuana**   demijohn
el **daño**   harm; **hacer daño**   to
   harm, hurt
dar   to give; to take; to emit;
   dar con   to hit; **dar de**
   comer   to feed; **dar gusto**
   (**ver**)   to be pleased (to see);
   dar la mano   to shake hands;
   dar las cuatro   to strike four;
   dar paso   to make way; **dar**
   vuelta   to turn over
los **datos**   data
de   (*prep.*)   of, from; about;
   by; in; than; with
debajo   under; **debajo de**
   (*prep.*)   under, beneath
deber   ought, must; owe; **de-**
   bido a   owing to, due to; **de-**
   bieron   must have
deberse a   to be due to
débil   weak
la **debilidad**   weakness; fondness
decente   nice; decent; honest
decidir   to decide
decidirse   to resolve, to make
   up one's mind; **se decidió**   it
   was decided
decir (**i**)   to say, tell
decirse   to say to oneself; **se**
   dice   it is said
el **dedo**   finger
defender (**ie**)   to defend
defenderse   to defend oneself
definitivamente   definitely, finally

dejar   to leave; to let, to allow, to permit; **dejar caer**   to drop

dejar de + *inf.*   to cease, to stop; to fail to; **dejar de burlarse**   to stop making fun; **dejar de moverse**   to stop moving; **dejar de ser**   to stop being

del = de + el   of the

delante   in front, before; **delante de su madre**   with her mother present; **por delante** in front

deleitoso -a   delightful

demás   (the) rest; **los (las) demás**   the rest; **por lo demás**   as for the rest

demasiado (*adv.*)   too, too much

dentro (*adv.*)   within; **dentro de** (*prep.*)   within, inside of; **dentro de un rato**   in a little while; **por dentro**   from the inside

denunciar   to denounce, to accuse

el **depósito**   storeroom

derecho -a   straight; la **derecha** right hand, right side

el **derecho**   right; **tener derecho a** (**ser**)   have the right (to be)

derramar   to spill; to shed

la **derrota**   defeat

derrotar   to defeat

el **desaliento**   discouragement

desaparecer   to disappear

desbandarse   to disband, to spread out so as to make an attack more difficult

descansar   to rest

el **descanso**   rest

descarado -a   impudent, shameless

desconocido -a   unknown (to);

strange; el **desconocido** stranger

describir   to describe

descubrir   to discover

desde   from; since; **desde años atrás**   for many years; **desde aquel día en adelante**   from that day on; **desde que**   since

el **desdén**   disdain, scorn

desdeñosamente   disdainfully

desear   to wish, to desire

desengañar   to disappoint

desenvolver (**ue**)   to develop (*a theme*)

la **desesperación**   desperation, despair

desesperadamente   desperately

la **desgracia**   misfortune; **para desgracia tuya**   unfortunately for you

el **desierto**   desert

deslizarse   to glide, to slide

desmayado -a   unconscious

desmayarse   to pass out, to faint

desnudar   to bare, to undress

la **desocupación**   idleness

desocupado -a   idle, unoccupied

despacio   slow, slowly; ease (*pace*); silently

despacito   slowly, silently

despecho: a despecho de   in defiance of

la **despedida**   farewell

despedirse (**i**)   to say goodbye; (**de**)   to take leave of

despeñarse   to fall down a precipice

despertarse (**ie**)   to wake up

despierto -a   awake

despreciar   to scorn, to despise

después (*adv.*)   after, later; afterwards, then; **después de** (*prep.*)   after

el **destierro**   banishment, exile

el **destino** destiny; destination;
    fate
destrozar to destroy, to break
    into pieces
destruir to destroy
el **desván** attic
desvanecido -a dizzy, faint, in
    a faint
el **detalle** detail
detenerse (ie) to stop
detrás de behind, in back of
detuvieron, detuvo *pret. of* **de-
    tener**
la **devastación** devastation, de-
    struction
devolver (ue) to return, to give
    back
di, dimos, dio *pret. of* **dar**
el **día** day; daylight; **al día
    siguiente** the next day; **a los
    dos días** within two days; **cosa
    de todos los días** an everyday
    affair; **desde tres días atrás**
    for the last three days; **día a
    día** day by day; **hace días** for
    days; **pocos días** a few days;
    todo el día all day; **todos los
    días** every day; **ya de día** al-
    ready daylight
el **diablo** devil
dibujar to draw
dice, dicen *pres. ind. of* **decir**
diciembre December
diciendo *pres. part. of* **decir**
la **dicha** happiness, good luck
dicho *p.p. of* **decir**; **mejor
    dicho** rather, that is to say
el **diente** tooth; **murmurar entre
    dientes** to mumble, mutter
dieron *pret. of* **dar**
diez ten
difícil difficult
la **dificultad** difficulty
la **dignidad** dignity
digo *pres. ind. of* **decir**

dije, dijimos, dijiste, dijo *pret.
    of* **decir**
el **dinero** money
Dios God; **¡por Dios!** for
    Heaven's sake!
dirá, dirán *fut. of* **decir**
la **dirección** direction; **en di-
    rección de** toward
directamente directly
diría *cond. of* **decir**
dirigir to direct
dirigirse a go toward
el **disgusto** displeasure
disiparse to vanish
disponer to order, to com-
    mand
dispuesto -a ready; willing
la **disputa** dispute, controversy
la **distancia** distance
distinguir to distinguish, to
    make out
distinto -a different
divertir (ie, i) to amuse, to en-
    tertain
divertirse to amuse oneself; to
    have a good time
dividir to divide
doce twelve
la **docena** dozen
doler (ue) to hurt
el **dolor** pain; sorrow
dolorido -a sore, full of pain
dominar to dominate, to mas-
    ter, to rule, to control, to con-
    quer
el **domingo** Sunday; **misa de los
    domingos** Sunday mass
don *title used before the Chris-
    tian names of men;* (*f.*) **doña**
donde where; **¿dónde?** where?;
    dondequiera wherever
doña. See **don**
dormir (ue, u) to sleep
dormirse to fall asleep
dos two; **a las dos** at two

o'clock; **doscientos** two hundred

doy *pres. ind. of* **dar**

la **duda** doubt; **no hay duda** there is no doubt; **sin duda** doubtless

dudar to doubt

el **dueño** owner; la **dueña** (female) owner; **dueña de casa** housekeeper, mistress of the house

duerme *pres. ind. of* **dormir**

dulce sweet; pleasant

durante during; through; for

durar to last

duro -a hard; stern

e and (*replaces* **y** *before* **i** *and* **hi**)

económico -a economic, economical

echar to throw, to cast; **echado el sombrero sobre los ojos** with his (their) hat(s) pulled over his (their) eyes

echarse a reir to burst out laughing

la **edad** age; **en el vigor de la edad** in the prime of life

el **edificio** building

la **educación** training, education

educado -a educated

el **efecto** effect; **en efecto** in fact, as a matter of fact; indeed

¿**eh?** understand?; ¡**eh!** hey!, eh!

el **ejemplo** example; **poner un ejemplo** to set an example

el **ejército** army

el the; **el de** the one of, that of; **el de él** his

él he; him; it

el **elogio** praise; compliment

ella she; her; it; **ellas** they; them

ellos they; them

embargo: sin embargo nevertheless, still

emocionarse to be touched, stirred, moved

empeñado: andar empeñado en to be bent on

empezar (ie) to begin

el **empleado** employee, clerk

el **empleo** job, employment

empujar to push

el **empujón** push, shove

en in, into, on, upon

enamorarse to fall in love

encantado -a delighted; enchanted

encapuchado -a person wearing a hood fastened to a cloak

encargar to request, to entrust

encargarse de to take charge of; **se la encargó** was entrusted

encender (ie) to light, to kindle, to start (*a fire*)

encerrar (ie) to fence in; to lock up, to shut up

encima above; **por encima de** over

encontrar (ue) to find, to come upon, to meet

el **encuentro** meeting, encounter

enemigo -a (*adj.*) unfriendly; **el enemigo** enemy

la **energía** energy, force

enfadarse to become angry

enfermo -a (*adj.*) ill, sick; **la enferma, el enfermo** patient, sick person

enfurecerse to rage, to get furious

engañar to deceive

engañarse be deceived

enlutado -a in mourning, wearing black clothes

enorme huge, enormous, horrible

enriquecer   to make rich
enrollarse   to coil
el **ensayo**   test, experiment; rehearsal
en seguida   at once, immediately; next
enseñar   to teach; to show
ensillado -a   saddled
ensillar   to saddle
el **ensueño**   dream; day dream
entender (ie)   to understand; **¿entendido?**   do you understand?
enternecido -a   touched, stirred (with emotion)
entero, -a   whole, entire
entonces   then; at that time; **desde entonces**   since then; **por entonces**   at the time
entornado -a   ajar, slightly open
la **entrada**   entrance
entrar (en)   to enter, to go in, to come in
entre   between; among; **de entre**   from between; **por entre**   among
entregar   to deliver, to hand over
envenenado -a   poisoned
el **envenenamiento**   poisoning
evolver (ue)   to coil around, to wrap up, to wrap around
equivocarse   to be wrong
era, eran   *imp. of* **ser**
eres   *pres. ind. of* **ser**
errar   to err, to make a mistake; **errar el camino**   to take the wrong road
es   *pres. ind. of* **ser**
la **escalera**   stairs; ladder; **escalera de mano**   portable ladder
escaparse   to escape, to run away
escoger   to select, to choose
esconderse   to hide

escondido -a   hidden, in hiding
el **escondrijo**   hiding place
escribir   to write
escuchar   to listen
ese, esa   that; (*pl.*) **esos, esas**
ése, ésa   that one, that; (*pl.*) **ésos, ésas**
el **esfuerzo**   effort
eso   that; **en eso**   at that moment
la **espada**   sword; **sacar la espada**   to draw the sword
las **espaldas**   back; **de espaldas**   on one's back; **caerse de espaldas.**   See **caer.**
espantado -a   frightened
espantoso -a   frightful
español -a   (*adj.*) Spanish; el **español**   the Spanish language, Spaniard
la **especie**   kind, sort, species
la **esperanza**   hope
esperar   to wait (for); to expect, to hope
el **espíritu**   spirit
el **esposo**   husband; la **esposa**   wife
está, están   *pres. ind. of* **estar**
el **establecimiento de campo**   farm
la **estación**   station
el **estado**   state; condition
estallar   to explode, to burst
la **estancia**   farm; estate
estar   to be; **está bien**   very well; **estar para (caer)**   to be about to (fall); **ha estado**   has been; **¡ya está!**   now it is ready, there you are!
este, esta   this; **éste, ésta, esto**   this one; this; the latter; **para** or **por esto**   for this reason
el **este**   east
estéril   barren
el **estilo**   style; **por el estilo**   like that

estimar to esteem, to respect, to appreciate
esto this
estoy *pres. ind. of* **estar**
estrecho -a narrow
la **estrella** star
estremecerse to shiver, to shudder
la **estructura** structure
el **estudiante** student
estudiar to study
el **estudio** study; studio
estúpido -a stupid
estuve, estuvimos *pret. of* **estar**
eterno -a eternal
evitar to avoid
el **examen** examination
examinar to examine
excepto except, with the exception of
el **exceso** excess
exclamar to exclaim, to clamor, to cry out
exento: no exento de lacking in
la **exhibición** exhibition, show
el **éxito** success
la **explicación** explanation
explicar to explain
la **exploración** exploration
el **explorador** explorer
explotar to exploit
extender (se) (ie) to extend, to spread out
extranjero -a foreign; el **extranjero** foreigner
extraño -a strange
el **extravío** misconduct
el **extremo** extreme, end

las **facciones** features
fácil easy
la **facilidad** facility, ease
la **falda** skirt

falso false; **falso movimiento** accidental movement
la **falta** lack; absence; **falta de** lacking in, for want of
faltar to lack; to be lacking; **poco faltó para que (termínase su visita)** (he) almost (finished his visit)
la **familia** family
famoso -a famous
el **fango** mud; **fangoso -a** muddy
la **fantasía** whim
el **fantasma** phantom; ghost
el **farol** lantern; **farol de viento** storm lantern
la **fatiga** fatigue, weariness
el **favor** favor; **hacer el favor de** please
fecundo -a fertile, fecund
la **felicidad** happiness
feliz (*pl* **felices**) happy
felizmente fortunately
el **fenómeno** phenomenon
feroz (*pl.* **feroces**) ferocious; fierce
fiel faithful
la **fiesta** festival, festivity, party, celebration
la **figura** figure, form, shape; **hacer mala figura** make a bad impression
fijamente fixedly, firmly, assuredly
fijar to fix, to fasten
fijarse en to notice, to observe
filtrarse to filter, to filter through
el **fin** purpose; end; **al fin** finally; **en fin de cuentas** after all; **por fin** finally
fino -a fine, delicate
la **firma** signature
firmar to sign
firmísimo -a very firm
físico -a physical

la **flor**   flower
 flote: a flote   afloat
el **fogón**   hearth, fireplace
el **fondo**   back, rear; bottom; **en el fondo**   at heart
la **forma**   form
 formar   to form
la **fortuna**   fortune; good luck; **por fortuna**   fortunately
el **fracaso**   failure
 fragoso -a   noisy (also proper name)
la **frase**   phrase; sentence
 frecuente   frequent
la **frente**   forehead; face; **frente a frente**   face to face
el **frente**   front; **frente a**   in front of
 fresquísimo -a   very cool
 frío -a   cold
 frotar   to rub
la **fruición**   delight, pleasure
 fue, fueron   pret. of **ir** and **ser**
el **fuego**   fire
 fuera   outside; **fuera de**   outside of, in addition to; ¡**fuera de aquí!**   be off! go away!; **fuera de sí**   beside herself, crazy
 fuerte   strong
la **fuerza**   force; strength; **a fuerza de músculos**   by sheer strength of muscle
las **fuerzas**   strength
el **fugitivo**   fugitive
 fui, fuimos   pret. of **ir** and **ser**
 fundar   to found
 furioso -a   furious
 fusilar   to shoot, to execute
 futuro -a   future

la **gallina**   chicken, hen
el **gallinero**   chicken coop, house or yard
el **gallo**   rooster
 gana   desire; **sin ganas**   unwill-

ingly; **tener ganas de**   to feel like, to want to
 ganar   to earn
 ganarse la vida   to earn a living
el **garaje**   garage
el **gaucho**   gaucho (Argentinian cowboy)
la **gavilla**   sheaf; **gavilla de rayos**   beam (of light)
el **genio**   genius; temper; **mal genio**   bad temper
la **gente**   people, folks; **ruido de gente**   noise (made) by people
 germinar   to germinate, to grow
el **gesto**   expression (facial)
el **golpe**   blow; shaft; **dar golpes**   to beat up
la **gota**   drop
 gozar (con)   to enjoy
las **gracias**   thanks; **dar las gracias**   to thank; **gracias a Dios**   thank God
el **grado**   degree; **de buen grado**   willingly
el **gramo**   gram (.035 of an ounce)
la **granada**   pomegranate
 grande (gran)   large; big; great; grand
 grandioso -a   magnificent
 grave   grave, serious
 gritar   to shout, to cry out, to scream
el **grito**   shout; howl; cry
 grueso -a   thick, heavy; big; el **grueso**   thickness
el **grupo**   group
 guardar   to keep; to put away; **guardar silencio**   to keep silent; **para sí sola se guardaba**   she kept it to herself
el **guardia**, la **guardia**   guard; **en guardia**   on guard

la **guerra** war
el **guía** guide
la **guiñada** wink; **guiñada inteligente** meaningful wink
la **guitarra** guitar
gustar to please, to be pleasing;
to enjoy; **le gusta** he likes;
les gusta they like; **no me
gusta** I do not like; **no le
gustaba** they didn't like
el **gusto** pleasure; taste; liking;
con (mucho) gusto gladly

ha, han, he, hemos *pres. ind.
of* **haber**
haber to have (*used to form
the perfect tenses*); **haber
tomado** having taken;
había, hubo there was,
there were, there existed; **ha
de (decir)** he is (to say); **hay**
there is, there are; **hay que**
+ *inf.* one must, it is necessary to, **no había nada más
que hacer** there was nothing else to do; **¿qué hay?**
what's the matter?
hábil clever, able
el **habitante** inhabitant
habitar to inhabit, to live in
el **hábito** habit (*attire of military
or religious order*)
hablar to speak, to talk; **hablar
bajito** to speak softly
hablarse de usted speak to
each other in the polite form
hacer to do; to make; to have
(*someone do something*);
desde hace tiempo for a
long time; **hace algunos años**
a few years ago; **hace un rato**
a while ago; **hacer (caer)** to
make (fall); **hacer calor** to
be warm (*weather*); **hacer la
guerra** to wage war; **hacer**

mala figura, mal papel to
make a bad impression;
hacer números to figure;
hacía diez años ten years
before; **se (me) hace** it
seems (to me)
hacerse to become; **hacerse
(amar)** to make oneself (be
loved); **hacerse temer** to
make oneself feared
hacia toward, in the direction
of; **hacia atrás** backwards
la **hacienda** farm
hago *pres. ind. of* **hacer**
halagar to coax; to flatter
hallar to find
hallarse to find oneself, to be
Hamadrías *type of snake;
proper name*
el **hambre** hunger; **tener hambre**
to be hungry
hambriento -a hungry
hará, haremos *fut. ind. of*
hacer
harto -a sufficient; **harto de**
tired of, fed up with
hasta to, until, as far as, as
much as, up to, till; even;
hasta ahora so far; **hasta que**
until
hay. See haber.
hecho *p.p. of* **hacer**; **hecha al
destierro** accustomed to
exile
heredar to inherit
la **herida** wound
herido -a wounded; **mal herido**
seriously wounded
herir (ie, i) to wound
la **hermana** sister
el **hermano** brother
hermoso -a beautiful; **¡qué
hermoso!** how beautiful!
herrado -a shod
la **herradura** horseshoe

herrar to shoe (*a horse, mule, etc.*); **sin herrar** unshod
el **hervidero** swarm
hervir (ie, i) to boil
el **hielo** ice; **ser un hielo de fría** to be cold as ice
la **hierba** tea leaves (yerba mate)
el **hierro** iron
el **higo** fig
la **higuera** fig tree
la **hija** daughter; **hijita** my darling; little daughter
el **hijo** son; **los hijos** children
el **hilo** thread
hincado -a kneeling
hinchar (se) to swell
la **historia** history; story
hizo *pret. of* **hacer**
el **hocico** nose; muzzle; **hocico mordido** bitten nose
el **hogar** fireplace, hearth
la **hoja** blade; panel (*of door*); leaf
el **hombre** man; ¡**hombre!** my dear fellow!; **hombre a caballo** rider; **hombre de carácter fuerte** man of strong character, strong-willed
el **hombro** shoulder; **al hombro** on the shoulders
hondo -a deep
la **hora** hour; **a la hora de la siesta** at siesta time
la **horma** shoemaker's mold; **la horma de su zapato** his match
hostil hostile, unfriendly
hoy today; **hoy mismo** this very day
hubiera *imp. subj. of* **haber**; **hubo** *pret. of* **haber**
hueco -a empty
huelo *pres. ind. of* **oler**
la **huella** footprint; trace
el **huérfano** orphan child

el **huésped** guest
el **hueso** bone
el **huevo** egg
huir to flee, to run away
¡**hum!** well!
humilde humble
humildemente humbly, meekly
el **humo** smoke
hundir(se) to sink; to stave in
huye, huyen *pres. ind. of* **huir**
huyendo *pres. part. of* **huir**

iba, iban *imp. ind. of* **ir**
el **idioma** language
ido *p.p. of* **ir**
la **iglesia** church
igual equal; even; the same; **cosa igual** such a thing
ilusionado -a full of illusion
impedir (i) to prevent
el **imperio** empire
el **ímpetu** impulse
la **importancia** importance
importante important; **importantísimo** very important
importar to matter, to care; **ni me importa** nor do I care; ¡**no me importa!** it doesn't matter!; ¿**no te importará (beber sin vaso)?** you won't mind (drinking without a glass)?
impresionar to impress
impreso -a imprinted, stamped
el **Inca** *ruler of Indians living in the Peruvian Andes when the Spaniards arrived*
inclinado -a leaning
incluir to include
incluyendo *pres. part. of* **incluir**
incomodar to annoy, to vex
inconveniente inconvenient
indicar to show, to indicate

indispensable   essential
el **individuo**   person, fellow
infantil   childlike
infeliz   unhappy, unlucky
el **infierno**   hell
informar   to inform; to advise; to instruct; to communicate, to supply with news
injusto -a   unjust
inmediatamente   immediately
inmemorial   immemorial, long ago
inmensamente   greatly
inmóvil   motionless
la **inmunización**   immunization, protection
inmunizar   to immunize, to protect
inocente   innocent; innocent-looking
inquietante   disturbing
inquieto -a   restless, anxious, uneasy
insolente   insolent, impudent; shameless (person)
inspirar   to inspire
instalar   to install, to place, to set up
instalarse   to place oneself
el **instinto**   instinct
el **instituto**   institute; laboratory
la **inteligencia**   intelligence; intellect, mind; understanding
inteligente   intelligent
la **intención**   intention; **con intención de llegar**   intending to arrive
intentar   to attempt
el **interés**   interest; self-interest; concern
interesado -a   (*adj.*)   interested, concerned, selfish
interesar   to interest; to be interesting
internarse   to go into

interrogar   to ask a question; el **interrogado**   one who is asked a question
interrumpir   to interrupt
intervenir (ie)   to intervene, mediate
intervino   *pret. of* **intervenir**
introducir   to put in, to introduce
el **intruso**   intruder
la **inundación**   flood
inútil   useless
invertido -a   upside down
el **invierno**   winter
inviolable   sacred
la **inyección**   injection
ir   to go; **iba (cruzando)**   was (crossing); **¿cómo te va?** How are you?; **me fui (acercando)**   I gradually (approached); **¡Vamos!**   Come on! **vamos a casa**   let's go home
ir a + inf.   to be going to (*often replaces the future tense*)
la **ira**   anger, wrath
irse   to go away
irónico -a   ironical
izquierdo -a   left (hand)

jamás   never, not . . . ever
el **jamo**   net
el **jardín**   garden
la **jaula**   cage
el **jefe**   chief; boss
Jesús: ¡Jesús nos ampare! Heaven help us!
joven   young; el **joven**   young man; la **joven**   young lady
la **joya**   jewel
el **juego**   game; gambling
el **juez**   judge
jugar (ue)   to play; gamble; **jugar al tenis**   play tennis
jugué   *pret. of* **jugar**

el **juicio**   judgment; **a mi juicio**
  to my way of thinking
juntarse a (or **con**)   to join
junto: junto a   close by, beside;
  junto con   together with; **juntos**   together
jurar   to swear; **juro a Dios**   I
  swear to God
justamente   precisely, exactly
la **justicia**   justice; the police, the
  law; authorities
justo -a   just; right; **eso era lo
  justo**   that was the right (*thing
  to do*); **lo justo**   what is right
la **juventud**   youth
juzgar   to judge

la   the; her, to her; you; it; one
el **labio**   lip
el **lado**   side; **al lado de**   beside; **a
  un lado**   to one side; **de un
  lado a otro**   from side to side
ladrar   to bark
el **ladrón**   thief
la **lagartija**   small lizard
el **lago**   lake
la **lágrima**   tear
lamentar(se)   to moan; to complain, to wail; to grieve
la **lámpara**   lamp
Lanceolada   *proper name*
  (*from* **lanzar**)
lanzar   to throw, to hurl, to
  launch; to let loose
lanzarse   to rush; to start out
largo -a (*adj.*)   long; **de largo**
  in length; **el largo**   length
larguísimo -a   very long
las   the; them, to them; you;
  las de   those of; **las que**
  those which
la **lástima**   pity, shame; ¡**qué lástima!**   what a pity!
el **látigo**   whip
lavar   to wash

el **lazo**   loop, noose, lariat, lasso
le   him, to him; you, to you; to
  her
la **lección**   lesson
el **lector**   reader
la **lectura**   reading
la **lechuza**   screech owl
leer   to read
la **legua**   league (*three miles*)
lejos   far, far away
la **lengua**   tongue
lentamente   slowly
los **lentes**   glasses, spectacles;
  lentes negros   sun glasses
la **lentitud**   slowness, sluggishness
la **leña**   firewood
el **león**   lion
les   them, to them; you, to you
levantar   to lift, to raise
levantarse   to get up, to rise
leve   light, slight
la **ley**   law
la **leyenda**   legend
la **libertad**   freedom
librar   to free, to set free
libre   free
la **libreta**   notebook, memorandum book
el **libro**   book
ligero -a   fast, rapid, swiftly; light
el **límite**   limit; boundary
la **limosna**   alms
limpiar   to clean
limpio -a   clean; blank
el **lindero**   boundary, landmark
lindo -a (*adj.*)   pretty
la **línea**   line
liso -a   smooth
lo   the; him; it; **lo que**   what,
  that which
loco -a (*adj.*)   crazy, mad
la **locura**   madness
lograr   to succeed in; **ha logrado** (**hacerse**)   has suc-
  ceeded in (becoming)

la **loma** hill
el **lomo** back (*of an animal*)
el **loro** parrot
  los the; them; you
la **lucha** struggle; strife; battle; argument
  luchar to struggle; to fight
  luego then; soon; next; afterwards
el **lugar** place, spot; town; **en primer lugar** in the first place; **lugar donde dormir** a place to sleep; **tener lugar** to take place
el **lujo** luxury
  lujoso -a luxurious, showy
  luminoso -a luminous, shining
la **luna** moon; moonlight
la **luz** light; **la luz de la luna** moonlight; **la luz del sol** in the sunlight

  llamado -a called, named; **está llamado a (ser)** is called to (be)
  llamar to call, to name; to knock (*at a door*); to attract (*attention*)
la **llamarada** flash; sudden blaze; **llamarada salvaje** savage rage
  llamarse to be called (named); **¿Cómo se llama?** What is his name?; **me llamo** my name is; **se llama** his name is
el **llanto** crying, weeping
la **llegada** arrival
  llegar to arrive; to get to; to get somewhere; **llegar a** become; end by doing something; **llegar hasta** to reach
  llegué *pret. of* **llegar**
  llenar to fill
  llenarse to be filled up; **llenarse de** to get filled with

lleno -a (*adj.*) full, replete, complete; **de lleno** entirely, totally; **queda todo lleno de sangre** ends up stained with blood
  llevar to take; to carry; to wear; to bring; to lead
  llevarse to carry (take) away
  llorar to cry, weep
  llover (ue) to rain
la **lluvia** rain

el **machete** machete, cane knife
la **madera** wood
la **madre** mother
  Madrid *capital of Spain*
  maduro -a ripe
el **maestro** teacher; master
  magnífico -a magnificent, splendid, grand
  magno -a great, grand
el **mago** magician
el **mal** evil (deed); **no hay mal que por bien no venga** every cloud has a silver lining
  maldito -a cursed
  malo -a bad, wicked; wrong
la **mamita** mommy
la **mancha** spot
el **mandado** errand
  mandar to send; to order, to command; to rule; **las mandó (tirar)** he had them (thrown away)
  manejar to manage, to take care of
la **mano** hand
  mantener (ie) to keep
  mañana tomorrow
la **mañana** morning; **a la mañana (siguiente)** (in) the (next) morning; **de la mañana** in the morning; A.M.; **por la mañana** in the morning

el **mapa**   map
la **máquina**   machine; la **máquina fotográfica**   camera
el **mar**   sea
maravillarse   to marvel at, to wonder at, to be surprised
maravilloso -a   marvelous
la **marca**   mark, stamp
marcar   to mark
el **marco**   frame
la **marcha**   march; ¡**en marcha!** let's go!
marchar   to march; to walk
marcharse   to go away, to leave
el **marido**   husband
martirizado -a   tortured
mas   but
más   more, most; rather; **los más (de ellos)**   most (of them); **más o menos**   about, more or less; **más que**   more than; **más y más**   more and more; **nada más**   nothing else; **no . . . más que**   only; ¿**qué más?**   what else?
masticar   to chew
la **mata**   tree; **mata de mamoncillo** honey-berry tree
matar   to kill
el **mate**   mate (tea), yerba mate
el **matrimonio**   marriage
mayor   greater; greatest
los **mayores**   adults, grown-ups
la **mayoría**   majority
me   me, to me, for me, myself
las **medias**   stockings; socks
la **medicina**   medicine
la **medida**   measure; **a medida que** in proportion as, as
medio -a   half; **a la media noche** at midnight
el **medio**   means; middle; **en medio de**   in the middle of; in the midst of
el **mediodía**   noon

medir (i)   to measure
la **mejilla**   cheek
mejor   better; best; ¡**mejor!**   all the better!
la **melancolía**   melancholia, gloom, "blues"
melancólico -a   melancholy, sad, gloomy
el **mellizo**   twin
mencionado -a   mentioned
menor   younger; less
menos   less; **en menos de**   in less than; **menos que**   less than; **por lo menos**   at least
mentir (ie, i)   to lie, tell a falsehood
la **mentira**   lie
mentiroso -a   liar
menudo: a menudo   often
el **mercado**   market
el **mes**   month; **al mes**   monthly; per month
la **mesa**   table; **mesita**   small table; **poner la mesa**   to set the table
meter   to put (in), to get (in); **estar metido en**   to be inside of
meterse en la cama   to get into bed, to go to bed
el **metro**   meter (39.37 *inches*); meter (*in poetry*)
mi   my; **mí**   me, myself; **para mí**   to myself
el **miedo**   fear; **tener miedo**   to be afraid
mientras   while; **mientras tanto** meanwhile
mil   (a) thousand
Mil y una noches   *Arabian Nights*
el **minuto**   minute
mío   my, mine, of mine
la **mirada**   glance, look; **mirada de experto**   expert glance

mirar to look, to look at; **mirar de frente** look straight in the face

mirarse to look at each other; to look at yourself

la **misa** mass; **misa del gallo** midnight mass

la **miseria** misery; poverty

mismo -a self; very; same; **allí mismo** right there; **a mí mismo** to myself; **él mismo** he himself; **el mismo (día)** the same (day); **el mismo diablo** the devil himself; **(esa) misma (noche)** (that) same (night); **lo mismo** the same (thing); **yo mismo** I myself

el **misterio** mystery

misterioso -a mysterious

la **mitad** middle; half

el **modelo** model, pattern, standard

el **modo** manner, way; **de modo que** so that; and so

el **mojón** landmark

molestar to disturb, to bother

el **momento** moment; **al momento** immediately, instantly

la **moneda** coin; **monedas de oro** gold coins

el **monstruo** monster

monstruoso -a enormous

la **montaña** mountain

montar to mount, to ride

el **monte** woods, wooded uplands

la **montura** saddle and trappings

la **mordedura** bite

morder (ue) to bite

moreno -a brunette, dark

morir(se) (ue, u) to die

el **moro** Moor (*The Muslims invaded and conquered Spain in the eighth century and remained there until they were driven out in 1492.*)

la **mosca** fly

mostrar (ue) to show

el **motivo** motive, cause, reason

moverse (ue) to move

el **movimiento** movement, move; disturbance

el **mozo** young man, lad; **ser buen mozo** to be a handsome lad

la **muchacha** girl

el **muchacho** boy

mucho -a much, (*pl.*) many, a lot, a great deal; **lo conocí mucho** I knew him well; **muchísimo** very much; **mucho que comer** much to eat

mudo -a speechless; mute

la **mueca** grimace; wry face

la **muela** molar; tooth

muere, mueren *pres. ind. of* **morir**

la **muerte** death

muerto -a dead

el **muerto** corpse; dead man

la **mujer** woman; wife

la **mula** mule

el **mundo** world; **todo el mundo** everybody

muriendo *pres. part. of* **morir**; **murió** *pret. of* **morir**

murmurar to mutter

el **muro** wall

el **músculo** muscle; **a fuerza de músculos** by sheer strength (of muscle)

el **museo** museum

la **música** music; el **músico** musician

mutuamente mutually

muy (*adv.*) very; greatly; most; **muy señora mía** my dear lady

nacer to be born

nací *pret. of* **nacer**

nacido -a born
nada nothing; not at all; **nada de eso** none of that
nadie no one, nobody, not . . . anyone; **nadie más** no one else
la narración narration, story
natal (*adj.*) native, home
la naturaleza nature
la Navidad Christmas
la neblina fog, mist
necesario -a necessary
la necesidad need
necesitar to need, to be in need (of)
necesitarse to be needed
negar (ie) to deny
negarse a to refuse
el negocio business; **los negocios** business
negro -a black, dark; **negrísimo -a** very black, pitch black
ni nor, not even; **ni . . . ni** neither . . . nor
el nido nest
niega *pres. ind. of* negar
la nieta granddaughter
el nieto grandson
ningún, ninguno -a no, none, no one; not . . . any
el niño little boy; la niña little girl, child; lady (*as a title of respect given to adults*); los niños children
nítidamente clearly
no not, no, non
la noche night; **buenas noches** good evening, good night; **de noche** by night, at night; **esta noche** tonight; **(las ocho) de la noche** (eight o'clock) in the evening; **por la noche** in the evening, at night
nombrar to name, to mention

the name of a person; to appoint
el nombre name; **en nombre de** in the name of
el norte north
nos us, to us, for us, ourselves
nosotros -as we; us; ourselves
la nota note
notable remarkable, notable
notar to notice
la noticia notice; piece of news; **dar noticia** to notify
la novedad novelty; **sin novedad** without incident, as usual
la nube cloud
nuestro(s) our, ours, of ours; **es de las nuestras** she is one of us
nuevamente again
nueve nine
nuevo -a new; **de nuevo** again
el número number; **hacer números** to figure
numeroso -a numerous
nunca never

Ñacaniná *type of nonpoisonous snake; proper name*

o or
obedecer to obey; to give
el objeto object, purpose
obrar to work, to perform, to execute
el obsequio gift; **en obsequio de** as a tribute to
observar to observe
obtener to obtain, to get
ocultar to hide
ocupar to occupy; to take up
ocuparse (de or en) to busy one's self (with); devote one's self (to)
ocurrir to happen; to take

place; **lo occurido** what took place; **¡qué ideas se le ocurren tío!** what ideas you think of, uncle!

ochenta eighty

ocho eight; **ochocientos** eight hundred

odiar to hate

el **odio** hatred

el **oeste** west

ofender to offend

la **oferta** offer

el **oficial** officer; journeyman, skilled workman

el **oficio** trade

ofrecer to offer; **¿qué se le ofrece?** what do you wish?

ofrezco *pres. ind.* of **ofrecer**

el **oído** ear; **al oído** confidentially; **al oído del hombre** into the man's ear

oír to hear; to listen to; **al oír** on hearing

ojeroso -a with dark circles under the eyes

el **ojo** eye; **en un abrir y cerrar de ojos** in the twinkling of an eye

oler (huelo) to smell

el **olor** smell, fragrance, odor

olvidar to forget

once eleven

ondular to wriggle; to ripple, to move

oponer to oppose

opuesto -a opposite, contrary

la **orden** order; command; **a (sus) órdenes** under (his) command

el **orgullo** pride

la **orilla** edge; shore, bank

el **oro** gold

la **oscuridad** darkness

oscuro -a dark, obscure

otro -a other, another, another

one, any other; **las otras** the others

la **oveja** sheep

oye, oyen *pres. ind.* of **oír**

oyendo *pres. part.* of **oír**

oyó, oyeron *pret.* of **oír**

¡paciencia! have patience! make the best of it!

el **padre** father; **padre de familia** family man

los **padres** parents

pagar to pay

el **país** country, nation

el **paisaje** landscape

el **paisano** countryman; peasant

la **paja** straw

la **palabra** word; **¡palabra!** on my word of honor! **sin decir palabra** without saying (a single) word

la **paleta** artist's palette

pálido -a pale

el **palo** stick

palpitar to beat, to palpitate

la **pampa** pampa (*grassy plains of Argentina*)

el **pan** bread

el **pantalón** (*pl.* **pantalones**) pants

la **papa** potato

el **papel** paper

par equal; **el par** pair

para for, to, in order to, toward; **¿para qué?** why? for what purpose?

parar to stop

parecer to seem, appear; look like; seem best; **al parecer** apparently; **(me) parece que** it seems (to me) that; (I) think that; **¿no le parece?** don't you think so?; **te parece que (nos sentemos)** do you think that (we should sit down)?

parecerse a   to look like, resemble
la **pared**   wall
parezca   *pres. subj. of* **parecer**
el **pariente**   relative
la **parrilla**   broiler, grill; *also proper name*
parroquial   (*adj.*) parish; **casa parroquial**   parish house
parte   part; **la mayor parte** most; **por mi parte**   as far as I am concerned; **por ninguna parte**   (*in negation*) anywhere; **por todas partes**   everywhere
particular   private; peculiar; particular; special; **en particular**   especially
la **partida**   (police) squad
el **partido**   political party; game
partir   to depart, to leave, to set out; to divide; **partir en dos**   cut in two
pasado -a   passed, past
pasar   to pass, to pass by; to spend (*time*); to happen; to take place; **ha pasado**   has happened; **pasar de**   to exceed; **¿qué le pasa?**   what's the matter with him?; **¿qué le pasa a Ud.?**   what's happened to you?; **¿qué pasa?**   what's the matter?; **¿qué te pasó?** what happened to you?
pasear(se)   to take a walk, to stroll; **nos paseamos a pie**   we walked
el **paso**   step, pace; passage; **dar pasos**   to walk
el **pasto**   pasture, grassland; grazing
la **pata**   foot, leg (*of a table, chair, animal, etc.*); **patas arriba** upside down
la **patada**   kick; **a patadas**   by kicking

el **patio**   courtyard, patio
Patronio   *proper name*
el **pavor**   terror, dread
la **paz**   peace
el **pecho**   chest
el **pedazo**   piece; **hacer pedazos** to break or tear into pieces
pedir (i)   to ask, to ask for, to demand
pegar   to beat
pelear   to argue, to fight
el **peligro**   danger
el **pelo**   hair; coat (*of an animal*)
pender   to hang (from)
penetrante   penetrating
pensar (ie)   to think; **pensar en** to think about; **pensar (ir)**   intend (to go)
pensativo -a   thoughtful
el **peón**   peon, farm hand; day laborer
peor   worse; worst
pequeño -a   little, small
perder (ie)   to lose; **perder pie**   to slip
perderse   to be lost, to get lost
la **pérdida**   loss
perdido -a   lost; hidden
perdón   pardon
perdonar   to pardon; to forgive
perezoso -a   lazy
el **permiso**   permission
permitir   to allow, to permit, to grant
pero   (*conj.*) but, yet, nevertheless
el **perro**   dog
perseguir (i)   to pursue, to chase
la **persona**   person; **en persona** personally
la **perspectiva**   prospect
peruano -a   Peruvian

pesar to weigh (upon); to be heavy; **a pesar de** in spite of
el **pesar** grief, trouble
el **pescado** fish
pescar to fish, to catch
el **peso** peso (*Argentinian, Mexican, etc., monetary unit*)
el **pícaro** rogue, rascal
pido *pres. ind. of* **pedir**
el **pie** foot; **a pie** on foot; **al pie de** at the foot of
la **piedra** stone
piensa, piensan, pienso *pres. ind. of* **pensar**
la **pierna** leg
la **pieza** room
el **pincel** artist's brush
pintar to paint
pintaste *pret. of* **pintar**
pisar to step on, to tread upon
el **piso** floor; **piso de tierra** earthen floor
plantado -a placed
la **plata** silver
el **plato** dish (*of food*)
la **plaza** square (*in a city*)
la **pluma** feather; plume
pobre poor, unfortunate
poco -a (*adj.*) little, scanty, small, few; (*adv.*) little, briefly, shortly, in a short time; **al poco rato** in a little while; **no pocos** many; **poco a poco** gradually, gently; **poco después** shortly after; **por poco (se muere)** almost (died); **un poco** a little while; **un poco de** a little
poder (ue) to be able; can; could; to have power; to be possible, may, might; **no pudo menos de** could not help but; **se puede** one can; **¿se puede?** may I (come in)?
el **poder** power

la **policía** police; el **policía** policeman
el **polvo** dust
poner to put, to place, to set; **poner al fuego** to put on the fire; **ponerla cómoda** to make it comfortable; **poner la mesa** to set the table; **poner nombre** to name, to nickname
ponerse to put on, to wear; to become; to turn; to place oneself; **cuando el sol se pone** when the sun sets; **ponerse a** *or* **en** to start; **ponerse contento** to be happy; **ponerse de acuerdo** to come to an agreement; **ponerse en camino** to get started; **ponerse en marcha** to get under way; **ponerse pálido** to turn pale; **ponerse rojo** to blush; **se puso** he became
por by, through, because of; for; along; as; instead of; **por entre** among, between; **¿por qué?** why?; **por no haber** because he hadn't
porque because, for
el **portal** porch; entrance; vestibule
el **portillo** hole, opening, gate
posar : posar (una mirada) en to cast (a glance) upon
poseer to possess, to own
la **posibilidad** possibility
la **posta** post, relay station
la **potencia** power
el **pozo** well
la **precaución** precaution, guard, vigilance
predominar to predominate, to prevail
preferido -a preferred; **preferido de** preferred by

la **pregunta** question; **hacer preguntas** to ask questions
preguntar to ask (a question)
prender to arrest; to seize; **prender fuego** to set on fire
preparar(se) to prepare; to get ready; **prepararse para** get ready to
la **presa** hold; **soltar presa** to let go (release pressure)
la **presencia** presence, appearance
presentar to introduce
presentar(se) to present (oneself)
el **presentimiento** misgiving, premonition
el **presidiario** convict
el **presidio** penitentiary, prison
presidir to preside over, to direct
preso -a imprisoned; el **preso** prisoner
el **pretendiente** suitor
prevenir (ie) to prepare for, to forestall, to prevent
prever to foresee
previsto -a (*p.p. of* **prever**) foreseen
primero -a first, former
el **primo -a** cousin
principiar to begin
el **principio** beginning; **al principio** at first
la **prisa** haste; **de prisa** fast; in a hurry
la **prisión** prison
privado -a private
probar (ue) to taste; to prove; to test, to try out
proceder to behave, to act
produjo *pret. of* **producir**
la **profesión** profession, occupation
profundo -a deep, profound

profuso -a lavish
prometer to promise
pronto soon; **de pronto** suddenly; **lo más pronto posible** as soon as possible; **tan pronto como** as soon as
la **propiedad** property
propio -a own, one's own
proponer to propose; to suggest
el **propósito** purpose; intention, aim; **a propósito** for the purpose
propuso *pret. of* **proponer; se propuso** decided to
proseguir (i) to continue
prosperar to prosper; to make happy, to favor; to be prosperous
el **protector** protector
protestar to protest
provocar to provoke, to incite; to rouse
prudentemente prudently
la **prueba** proof; trick; trial; **hacer prueba de** to try, to test
publicar to publish
pude, pudieron, pudo *pret. of* **poder**
el **pueblo** town; country; people; **todo el pueblo** the whole town
puedo, puede, pueden *pres. ind. of* **poder**
la **puerta** door, doorway, gate; **la Puerta del Sol** *square in the center of Madrid*
pues then; for; since; well
puesto *p.p. of* **poner; puesto que** since
el **puntal** prop; support
las **puntillas: de puntillas** on tiptoe
el **punto** point, moment; **a punto de** on the point of; **a punto**

de morirse de hambre on the point or verge of dying from hunger; **en punto** exactly; sharp (*of the hour*), on the dot; **punto de apoyo** fulcrum, support

el **puñado** handful

el **puñal** dagger, poniard

la **puñalada** stab (with a dagger)

puro -a pure, clear

puse, pusieron, puso *pret. of* **poner**

que as, than; (*rel, pron.*) who, which, whom, that; when; (*conj.*) that, for, because; **al que** to whomever; **la que** who; the one which; **¿para qué?** what for?; **¿por qué?** why?; **¿qué?** (*int. pron. and adj.*) what? (*adv.*) how?; **¡qué! what a!; ¡qué higos!** what (*wonderful*) figs!; **¡qué me ha de pagar!** Of course he is not going to pay me!

la **quebrada** ravine

quedar to remain, be left; (*with participle*) be; **quedar mal** to make a bad impression; **no le queda más (otro) remedio** he has no other choice, the only remedy left is

quedarse to stay, remain; **se queda** he stays

quejarse to complain; to moan

el **quejido** moan; groan

quemarse to be burned

querer (ie) to want, to wish; to love, to care for (*a person*); to be willing; will; to try; **querer decir** to mean

quererse to love each other

querido -a beloved

el **queso** cheese; **queso de higos** fig paste

quien who, he who, the one who, someone who; **¿quién?** who?; **¿quién más?** who else?

quiere, quieren *pres. ind. of* **querer**

quietecito -a very quiet, still

quieto -a quiet

la **quijada** jaw

quince fifteen

quinientos -as five hundred

quise, quiso *pret. of* **querer**

quitar to remove, to take away (off); **quitar de en medio (a uno)** to get rid of (someone), get (someone) out of the way

quitarse to take away; to take off (clothing)

la **rabia** rage, fury

la **rama** branch

el **rancho** farmhouse

rápido -a rapid, swift

raro -a rare; weird, odd; strange; **¡cosa más rara!** what a strange thing!

el **rastreador** track finder, tracer

rastrear to track, to follow

el **rastro** track, trace

la **rata** rat

el **rato** short time, while, little while; **al poco rato** in a little while; **hace un rato** a little while ago; **largo rato** for a long time

la **raya** line; **rayita** small line

el **rayo** ray

la **raza** race, clan

la **razón** reason; **tener razón** to be right

real royal; real

rebelde stubborn; unmanageable; rebellious

la **rebelión** insurrection, revolt, rebellion

recibir to receive; to accept, to take; to go out to meet

recién, reciente recent, new; **recién nacido** newborn

reclamar to reclaim

recoger to pick, to gather, to collect

reconocer to recognize

recordar (ue) to remember

recorrer to run over

recostado -a leaning against, reclining

los **recursos** resources; means, money

rechazar to reject

la **referencia** reference

referir (ie, i) to narrate, to relate

refrescar to cool

regañar to scold

regresar to return

regresarse to come along homeward

la **reina** queen

reír (i) to laugh

reírse de to laugh at; **se ha reído** has laughed

reja grating

relatar to narrate

el **reloj** watch, clock

el **remanso** pool

el **remedio** remedy; **no hay más remedio que** there's nothing left to do but; **no tener más remedio que** to have no other choice

remover (ue) to stir

rendir (i) to yield

rendirse to surrender, to give up

renunciar to resign

repartir to share

repetir (i) to repeat

repetirse to be repeated, to recur

repitió pret. of **repetir**

replicar to answer, to retort; to contradict

la **representación** reproduction, copy

el **representante** representative

rebrobar (ue) to disapprove

el **reptil** reptile

resbalarse to slip, to skid

resentido -a hurt, showing resentment

resistir to resist; to hold out, to withstand

resolver (ue) to decide; to solve (*a problem*)

resonar (ue) to resound

respectable respected, esteemed

respetar to respect

el **respeto** respect

la **respiración** breathing

respirar to breathe

responder to answer, to reply

restablecer to reinstate, to reestablish

el **resto** rest, remainder, remnant

el **resultado** result(s)

retener (ie) to hold back

retirar(se) to withdraw, retire, retreat

retroceder to withdraw, to fall back

reunir(se) to gather, to assemble; to join, to meet

revelar to reveal

revolver (ue) to turn over

el **rey** king; **para un rey** fit for a king

rezar to pray

el **rezo** prayer

rico -a rich; delicious; **el rico** rich (*person*)

el **rincón** corner
la **riña** fight, quarrel
rió *pret. of* **reír**
el **río** river
el **Río de la Plata** *estuary of Paraná and Uruguay rivers between Uruguay and Argentina, 100 miles long and from 23 to 56 miles wide*
el **Río Paraná** Parana River *South American river that runs from Brazil to Argentina*
la **risa** laughter
robar to steal, to rob
rodar (ue) to roll
rodear to surround
la **rodilla** knee; **de rodillas** on one's knees
rogar (ue) to beg
rojo -a red
romper(se) to break
la **ropa** clothing; clothes
roto -a broken
rubio -a blond, blonde
ruborizarse to blush
rudo -a rough
el **rugido** roar
el **ruido** noise, sound
el **rumor** rumor; sound (*of voices*)

el **sábado** Saturday
saber to know (how); to learn; **¿quién sabe?** perhaps; **se sabe** it is known
el **saber** knowledge, learning
la **sabiduría** wisdom
sabio -a wise, learned, sophisticated; el **sabio** wise man, sage
el **sable** saber
sacar to take out, to get; **sacar la lengua** to stick out his tongue; **sacar fuerzas de flaqueza** to bring strength out of weakness

sacarse el sombrero to take one's hat off
el **saco** coat; **saco de brin** thick linen coat
la **sacudida** quiver, quick movement, start; fright
sacudir to shake, to quiver; **sacudir la cabeza** to shake one's head
la **sala** living room
la **salida** way out, exit, outlet
salir to go (come) out, to leave; **salir de pobre** to escape from poverty
saltar to jump, to leap, to hop
saludar to greet
saludos greetings
salvaje savage; wild; el (la) **salvaje** savage (*person*)
salvar to save
salvarse to be saved, to escape from danger
la **sandalia** sandal
la **sangre** blood
sangriento -a bloody
santo -a holy; la **santa**, el **santo** saint
sañudo, -a furious, enraged
el **sarcasmo** sarcasm, irony
se to him, to you; himself, yourself; each other, one another, themselves
sé *pres. ind. of* **saber**
seco -a dry
el **secreto: en secreto** secretly
la **sed** thirst; **tener sed** be thirsty
seguida: en seguida at once
seguir (i) to follow; to go (keep) on; **seguir diciendo** to keep on saying; **seguir la corriente** to go along with
según according to (what), as
segundo -a second

seguramente surely

seguro -a sure, certain; safe

seis six; **seiscientos** six
hundred; **seis de la mañana**
six o'clock in the morning

la **selva** forest, jungle

la **semana** week

el **sendero** path

sentado -a sitting

sentar (ie) to sit

sentarse to sit down

el **sentido** sense; consciousness

el **sentimiento** feeling, sentiment

sentir (ie, i) to feel, to be sorry,
to regret; to be conscious of
(*smell, etc.*)

sentirse to feel (*well, bad, etc.*);
¿cómo se siente? How do
you feel?; **sentirse con fuerzas** to feel oneself strong

la **señal** signal; sign

señalar to point out, to point
to; to name; to mark

el **señor** gentleman; Mr.; sir

la **señora** lady; wife; Mrs.;
madam; *used also as mark of
respect and not translated*
(*e.g.,* **su señora madre**)

la **señorita** miss; young lady

sepan *pres. subj. of* **saber**

separado -a separated

separar to separate, to divide

el **sepulcro** grave, sepulcher

ser to be; **es decir** that is to
say; I mean

serio -a serious, in earnest;
reliable

el **serpentario** serpent house

la **serpiente** serpent, snake; **serpiente de cascabel** rattlesnake

el **serrano** mountaineer

servir (i) to serve, to be of ser-
vice; **¿para qué sirve . . . ?**

of what use is . . . ?; **servir
(de)** to serve (as)

sesenta sixty

la **sesión** session

setecientos seven hundred

si if, whether; why!; **¡si es inútil!** why, it is useless!

sí yes, indeed; self; themselves,
himself; each other; **para sí**
to herself, for himself, for
themselves; **por sí mismo**
for himself

sido *p.p. of* **ser**

siempre always, ever; **para
siempre** forever

siendo *pres. part. of* **ser**;
siendo que (*conj.*) since

la **sierra** sierra, mountain range

siete seven

el **siglo** century

significar to mean, to signify

sigo, sigue *pres ind. of* **seguir**

siguiente following, next; **al
día siguiente** the next day

siguió *pret. of* **seguir**

silbar to hiss; to whistle

el **silbido** hissing; whistling

el **silencio** silence

silencioso -a silent, quiet

la **silla** chair

el **sillón** easy chair

el **símbolo** symbol

sin without; **sin que** without

sino except, but, instead; **no
es capaz sino de enamorarse**
he is capable of nothing but
falling in love; **no . . . sino**
only, just; **sino que** but, except

el **sinónimo** synonym

sintió *pret. of* **sentir**

el **síntoma** symptom; **síntomas
de envenenamiento** symp-
toms of poisoning

siquiera even; at least; **ni
siquiera** not even
el **sitio** place, spot
sobre on, upon, over; about;
above; **sobre todo** especially
el **sobrino** nephew; **la sobrina**
niece; **sobrina nieta** grand-
niece
social social; **nivel social, posición social** social standing,
social position
el **socorro** help, aid, assistance
sofocar to choke, to suffocate;
to suppress
el **sol** sun
solamente only
la **soledad** lonely place; solitude
solo -a alone, only, single;
lonely, lonesome; **a solas** all
alone
soltar (ue) to let loose; to
loosen; to set free
el **solterón** old bachelor
la **sombra** shadow, shade; **a la
sombra** under the shade
el **sombrero** hat
sombrío -a somber; shady, dark
somos *pres. ind. of* **ser**
son *pres. ind. of* **ser**
el **soneto** sonnet
sonreír to smile
sonriente smiling
la **sonrisa** smile
la **sopa** soup
el **soplo** breath, blowing
sordo -a deaf; **hacerse sordo**
to turn a deaf ear, pretend not
to hear
sorprendente surprising
sorprender to surprise; **sorprendido -a** surprised
sorprenderse to be surprised
la **sorpresa** surprise; **de sorpresa**
by surprise

la **sospecha** suspicion
sospechoso -a suspicious
sostener (ie) to hold up, to
support
soy *pres. ind. of* **ser**
su his, her, its, your, their
subir to go up, climb
subirse (a) to climb
suceder to happen
el **suceso** incident, event
la **suegra** mother-in-law
el **suegro** father-in-law
el **suelo** floor; ground
el **sueño** sleep; dream; **tener
sueño** to be sleepy
el **suero** antitoxin, serum, anti-
dote
la **suerte** fate, fortune
sufrir to suffer; to endure, to
bear
la **suma** sum, amount
supe, supo *pret. of* **saber**
suponer to suppose; to weigh
on (upon)
supongo *pres. ind. of* **suponer**
supremo -a supreme
el **sur** south
suspender to stop
suyo -a *(adj.)* his, of his, her,
of her, hers, its, their, your;
el suyo *(pron.)* his, hers

la **tableta** cube; cake (*of paint*)
tal such, such a; that; **¿qué tal?**
what sort of?; **tal como** like;
tal vez perhaps
el **tallo** stem, stalk
el **tamaño** size; bulk; shape
también *(adv.)* also, too,
likewise
tampoco neither
tan so; as; **de tan (mala manera)** in such a (terrible
manner); **tan (fuerte) como**

(la muerte) as (strong) as (death)

tanto -a   so much; (pl.) so many

tapar   to cover, to cover up; to obstruct, to dam up

la tarántula   tarantula, spider

tardar   to delay, be late; tardar en   to be long in

la tarde   afternoon, evening; (adv.) late, too late; más tarde   later

la tarea   task, chore, job

te   you, to you

el teatro   theater

el techo   roof

el tejido   web; el tejido de alambre   wire netting

la tela   cloth

el tema   subject, theme

temblar (ie)   to tremble, to shake, to be afraid

temer   to fear

temprano   early

tender (ie)   to spread out, to extend

tendría   cond. of tener

tener (ie)   to have; (no) tener (nada) que (hacer)   to have (nothing) to do; ¿qué tiene usted?   what's the matter with you?; tener con quién hablar   to have someone to talk with; tener hambre   to be hungry; tener lugar   to take place; tener que   to have to, must; tener que ver   to have to do with; tener sueño   to be sleepy; tener (veinte) años   to be (twenty) years old; tener vergüenza   to be ashamed

tengo   pres. ind. of tener

tercer(o)   third

terminar   to finish, to end

el terreno   land, ground; territory

Terrífica   proper name, rattlesnake

ti   you

la tía   aunt

el tiempo   time; weather; a tiempo   on time; a tiempo que   while; ¿cuánto tiempo?   how long?; hace mucho tiempo   for a long time; poco tiempo   a little while; tiempo después   some time later

la tienda   store; shop

tiene, tienen   pres. ind. of tener

la tierra   earth, land; region; ground

el tigre   tiger

las tijeras   scissors

el tío   uncle

típico -a   typical, characteristic

el tipo   type

la tira   stripe, strip, band

tirar   to throw (away); to shoot; to draw, to pull

tocar   to touch

todavía   still, yet; todavía no   not yet

todo -a   all, every; everything; ante todo   first of all; sobre todo   especially, above everything; toda la noche   all night; todo cuanto   all that; todo el día   all day; todo el pueblo   the whole town; todos   everyone; todos los días   every day

tomar   to take; to drink (a beverage)

el tono   tone

tonto -a   foolish, dull, stupid; el tonto   fool

el tornillo   vice, clamp

el toro   bull

totalmente   entirely

trabajar   to work

el **trabajo**   work
traer   to bring
la **traición**   betrayal
traicionar   to betray
traicionero -a   treacherous; (*n.*)
  traitor
el (la) **traidor**   traitor
traigo   *pres. ind. of* **traer**
el **traje**   suit, suit of clothes;
  clothes; **traje de gaucho**
  gaucho outfit
la **trampa**   trap; **trampa que servía de puerta**   trapdoor
la **tranquilidad**   peace of mind
tranquilo -a   tranquil, quiet,
  calm; **dejar tranquilo -a**   to
  leave alone
el **trapo**   rag
tras   after; **una tras otra**   one
  after the other
traspasar   to pierce; to cross,
  to go beyond, to pass over; to
  trespass, to transgress
tratar : tratar de (quitar)   to try
  (to take off, remove)
tratarse de   be a question of; to
  concern
el **travesaño**   crossbar
trece   thirteen
treinta   thirty
el **tren**   train
trepar   to climb
tres   three; **a las tres**   at three
  o'clock; **las tres**   three
  o'clock
trescientos   three hundred
triste   sad; sorry
la **tristeza**   sadness
triturado -a   crushed
triunfar   to triumph
el **tronco**   log, trunk (*of tree*)
tropezar (ie)   to stumble;
  tropezar con   to run into
el **truco**   trick
tu   your; **tú**   you

el **tubo**   tube; **tubo de ensayo**
  test tube
tumbar   to knock down
turbar   to disturb, to trouble
tuve, tuvo   *pret. of* **tener**
tuyo   (*adj.*)   your; (*pron.*) yours

último -a   last; latest; latter; **por
última vez**   for the last time;
por último   finally
el **umbral**   threshold
umbrío -a   shady
un, una   a, an; (*pl.*) some
único -a   only, sole; **lo único**
  the only thing
el **único**   the only one
unir(se)   to unite, to join
uno, una   one; someone; **la una**
  one o'clock; (**lo**) **uno y** (**lo**) **otro**
  both; **los unos de los otros**
  one another; **una a una**   one
  by one; **uno por uno**   one
  after another; **unos**   some;
  (*before a noun*)   some; **unos
cuantos**   a few
urgente   urgent
Urutú Dorado   *proper name;
type of snake*
usar   to use; to wear (out)
el **uso**   use
usted   (*pers. pron.*) (*ab-
breviated as* **Ud., Vd., V.**)
  you; **de Ud.**   your
el **utensilio**   utensil; tool

va, vamos, van   *pres. ind. of* **ir**
la **vaca**   cow
vaciar   to empty
vacilar   to hesitate
vacío -a   empty
valer   to be worthy; **no vale
nada**   isn't worth anything;
valer por cinco   as good as
  five
valiente   brave

el **valor** value; courage, valor
el **valle** valley
 ¡**vamos!** See **ir.** let's go! come!
 vamos a + *inf.* let us + *inf.*
 vano -a vain; **en vano** in vain,
  vainly
 variar to change
 varios -as several
el **vaso** glass *(for drinking)*
 vasto -a vast, huge, immense
 vaya *pres subj. of* **ir**
 Vd. See **usted.**
 veces *pl. of* **vez**
 veía *imp. of* **ver**
 veinte twenty; **veinte y cinco**
  twenty-five
el **velo** veil
la **velocidad** velocity, speed; **a
  toda velocidad** full speed
la **vena** vein
 vencer to conquer
el **vencido** conquered *(subdued)*
  person
 vender to sell
el **veneno** poison
 venenoso -a poisonous
la **venganza** vengeance
 vengar to revenge, to avenge
 vengarse to take revenge
 venir (ie) to come
la **ventana** window
 ver to see; **a ver** let's see; **al
  ver** upon seeing
el **verano** summer
la **verdad** truth; true; **en verdad**
  really; **es verdad** it is true;
  ¿**verdad?** really?
 verdadero -a real, true
 verde green
la **vergüenza** shame
 verse to see oneself; to be; **se
  ve** it is evident
el **vestido** dress; clothes
 vestir (i) to dress, wear
 vestirse to put on one's clothes

la **vez** *(pl.* **veces)** time; turn; **a
  la vez** at the same time; **alguna vez** sometimes; ever;
  algunas veces sometimes; **a
  su vez** in one's turn; **cada vez
  más** more and more; **de vez
  en cuando** from time to time;
  en vez de instead of; **la primera vez** the first time;
  muchas veces often; **otra vez**
  again; **por última vez** for the
  last time; **raras veces** rarely;
  tal vez perhaps; **una vez**
  once; **una vez allí** once there;
  una vez más once more; **una
  vez por todas** once and for all
el **viaje** trip
el **viajero** traveler
la **víbora** viper, poisonous snake
la **vida** life; **en mi vida** *(never)*
  in my life
el **vidrio** glass; **vidrio de reloj**
  vial, small glass bottle for
  catching poison
 viejo -a old; el **viejo** old man;
  la **vieja** old lady
 viendo *pres. part. of* **ver**
 viene *pres. ind. of* **venir**
el **viento** wind
la **viga** beam
 vigilar to watch; keep guard;
  vigilar de cerca to keep a
  close watch upon
el **vigor** vigor, strength, force,
  energy
la **villa** village, town
 vine, vino *pret. of* **venir**
el **vino** wine
la **violencia** violence
 violento -a violent
la **visita** visit
el **visitante** visitor
 visitar to visit
la **víspera** eve; la **víspera de
  Navidad** Christmas Eve

la **vista**   sight; view
viste   *pret ind. of* **vestir**
visto -a   *p.p. of* **ver; nunca
vista**   never before seen; **por
lo visto**   apparently
la **viuda**   widow
el **viudo**   widower
vivamente   quickly, vigorously;
   energetically
los **víveres**   provisions, food
   supplies
vivir   to live; to dwell
vivo -a   alive, lively; quick; **el
vivo**   living person
volar (ue)   to fly (away)
la **voluntad**   will (power)
volver (ue)   to turn; to return;
volver a (mirar)   (to look)
   again; **volver atrás**   go back,
   to retreat
volverse   to return, to go back
voy   *pres. ind. of* **ir**
la **voz**   (*pl.* **voces**)   voice; **en voz
alta**   aloud; loudly; **en voz
baja**   in an undertone
vuela   *pres. ind. of* **volar**

la **vuelta**   return; turn; **dar vuelta**
   to turn over; **dar vueltas**   to
   turn around
vuelvo   *pres. ind. of* **volver**

y   and
ya   already; now; since; **nadie
(recuerda) ya**   no one (re-
   members) any more; **ya casi**
   almost, nearly; **¡ya está!** See
   estar; ya más   any longer; **ya
no**   no longer
yacer   to lie
la **yarará, yararacusú**   *kinds of
poisonous snakes*
yerba mate   yerba mate (*Paraguayan tea*)
el **yerno**   son-in-law
yo   I

la **zapatería**   shoemaker's trade;
   shoe store
el **zapatero**   shoemaker
el **zapato**   shoe; **la horma de su
zapato**   his match
el **zorzal**   thrush

2 3 4 5 6 7 8 9 0